隆美尔一战回忆录

[德]埃尔温·隆美尔 ● 著　刘文 ● 译

华文出版社
SINO-CULTURE PRESS

图书在版编目（CIP）数据

隆美尔一战回忆录 /（德）埃尔温·隆美尔著；刘文译.
-- 北京：华文出版社，2019.10

ISBN 978-7-5075-5171-6

Ⅰ.①隆… Ⅱ.①埃… ②刘… Ⅲ.①隆美尔(Rommel, Erwin Johannes Eugen 1891-1944)—回忆录②第一次世界大战—史料 Ⅳ.①K835.165.2②K143

中国版本图书馆CIP数据核字（2019）第191927号

隆美尔一战回忆录
LONGMEIER YIZHAN HUIYILU

著　　者：[德]埃尔温·隆美尔
译　　者：刘　文
出版策划：兴盛乐
责任编辑：魏姗姗
出版发行：华文出版社
社　　址：北京市西城区广安门外大街305号8区2号楼
邮政编码：100055
网　　址：http://www.hwcbs.com.cn
电　　话：总 编 室 010-58336239　　发 行 部 010-58336267　58336238
　　　　　责任编辑 010-58336195
经　　销：新华书店
印　　刷：北京柯蓝博泰印务有限公司
开　　本：710×960　1/16
印　　张：15
字　　数：179千字
版　　次：2019年10月第1版
印　　次：2019年10月第1次印刷
书　　号：ISBN 978-7-5075-5171-6
定　　价：49.80元

版权所有　侵权必究

译者序

步兵指的是徒步行军作战的士兵,是军队里一个常见的兵种。冷兵器时代,步兵和车兵、骑兵等都是分开的,但随着时代的发展,近现代的步兵也会使用马匹、自行车、火车等交通工具。

远古时代就已经有步兵了,冷兵器时代的步兵大多拿着用青铜或铁打造的兵器,有时也会带着弓箭或者弩,他们身披铠甲,是作战的主要力量。

到了中世纪早期,骑兵开始兴起,有限的几次以步兵战胜骑兵的事件都有极特殊的情况。不过,要想拥有骑兵,需要花费巨资,因为骑兵要从小训练并装备合身的武器盔甲。

12世纪长弓出现之前,除非借助马的冲击力,没有步兵能对骑兵造成伤害。这时的骑兵占据了绝对优势,步兵在战场处于仆从地位。

长弓出现之后,情况发生了逆转,长弓是平民拥有的第一个可以杀伤骑兵的武器,英国凭借长弓取得了多次惊人的胜利后,骑兵开始跌下神坛。

长弓虽然可以克制骑兵,但是它对长弓手的臂力要求极高,得从小训练,而且身高通常不得低于180厘米,而且长弓作为一种冷兵器,其威力还是有上限的,所以骑兵并没有完全被长弓打倒。

真正让步兵翻身的还是火枪,它可以无限提升使用者的威力。一般情况下,士兵只需要两个月的时间进行训练就可以上战场,如果战况紧急,也可以缩短到7~15天。任何一个没经过训练的平民都可以用火枪杀死一个世代习武的贵族骑士。

17世纪，刺刀的发明使步兵的火力和功能性大大增强，步兵取代骑兵成了战场主力。骑兵逐渐成了战场上的辅助兵种，骑手也从贵族变成了平民。

真正使得骑兵彻底退出正面战场的是机枪的发明。19世纪80年代，许多国家开始研制可以连发的枪械，英籍美国人马克沁于1883年成功研制出机枪，这种机枪在后来的"一战"中发挥了举足轻重的作用。

步兵在第一次世界大战中是主力兵种，德国陆军将领埃尔温·隆美尔也是由于在这次战争中出色地发挥了步兵的最大威力而为他日后成为德国三大名将之一奠定了基础。

隆美尔于1891年出生在一个教师家庭，1910年7月参军。1914年，隆美尔中尉参与到一战中并屡立战功，荣获了二级铁十字勋章、一级铁十字勋章和功勋奖章。

1937年，隆美尔出版了《隆美尔一战回忆录》一书，这本书作为一部带有自传性质的回忆录，极具历史价值，里面记录了隆美尔从一名初出茅庐的中尉成长为经验丰富、战功赫赫的指挥官的全过程。

时值"二战"前夕，这本书一经出版便引起了轰动，贯穿全书的德国军事进攻精神甚至还得到了希特勒的赏识，隆美尔因此声名鹊起。

1943年，美国陆军翻译了《隆美尔一战回忆录》，包括巴顿将军在内的美国军官对此书推崇备至，曾反复研究其中的战术、战略。

虽然现在距离书中所记载的事件已经过去一个世纪，但这本书的价值却未随着时间流逝而降低，故笔者再次翻译此书，供我国读者赏阅。

当然，隆美尔在二战期间曾追随希特勒，成为纳粹德国侵略他国的工具。从这个角度上说，他是战争罪犯，是不可饶恕的。希望大家在看完这本书后，对和平有更深的体悟，更加珍惜当下来之不易的稳定环境。

作者自序

这本书中记录了我在一战时期所参与的所有的战斗,我在客观描述战事的基础上也加入了自己的一些主观见解,希望后人能从我的经历中总结出一些经验,再加以运用。

我们德国的年轻士兵们在这些战役中表现出了前所未有的超凡勇气和牺牲精神,他们为祖国奉献出了自己的青春和热血。整整四年半的时间里,即使面对人数众多、装备优良的敌军,我国的战士们也从未退缩。在他们心里,国家利益高于一切。

事实证明,我们的步兵们的确在战斗力上远胜敌人,我方的军官们也比敌军指挥官更有能力。

希望所有读过这本书的人能永远记住这些不朽的战士,也记住战争带来的苦难。

埃尔温·隆美尔中校

目录

第一章　法国北部的战争

第一节　踏上征途 / 002

第二节　做好战斗准备 / 004

第三节　战斗正式打响 / 008

第四节　继续在布莱德战斗 / 012

第五节　渡默兹河 / 015

第六节　热斯内的战斗 / 022

第七节　普雷兹之战 / 025

第二章　树林阻击

第一节　向德福依树林前进 / 030

第二节　在树林里战斗 / 033

第三节　突袭敌人阵地 / 038

第四节　无缘无故地撤退 / 042

第五节　博松树林 / 044

第六节　树林战 / 049

第三章　在阿戈讷的那些事

第一节　夏洛特山谷 / 056

第二节　乘胜追击 / 059

第三节　发现敌军"中央"阵地 / 061

第四节　在"中央"阵地上战斗 / 065

第五节　攻占敌军阵地 / 069

第四章　新的阵地战

第一节　休假归来 / 078

第二节　突袭的准备工作 / 082

第三节　正式进行松树瘤突袭 / 085

第四节　斯库杜克隘口 / 088

第五节　和罗马尼亚人第一次正面交锋 / 092

第五章　1916年底和1917年初的战斗

第一节　瓦拉里村庄 / 096

第二节　死守瓦拉里－库佩努尔 / 099

第三节　占领1001高地 / 102

第四节　罗马尼亚俘虏 / 108

第五节　防守 / 113

第六节　在维德拉附近战斗 / 117

第六章　喀尔巴阡山东南部的战斗

第一节　喀尔巴阡山的前线 / 120

目录

  第二节 山脊公路转弯处 / 122

  第三节 守住阵地 / 126

  第四节 向前推进战线 / 129

  第五节 重要的科什纳山 / 134

  第六节 正式进攻 / 139

第七章 持续在科什纳山附近进攻与防御

  第一节 1917 年 8 月 12 日的战斗 / 146

  第二节 防御战 / 150

  第三节 生命不止，战斗不息 / 153

  第四节 最后的倔强 / 157

  第五节 二次进攻科什纳山的准备 / 161

  第六节 开始进攻！ / 165

  第七节 再次进入防御战 / 169

第八章 进攻托勒敏

  第一节 备战安排 / 174

  第二节 寻找攻击点 / 178

  第三节 拿下阵地 / 182

  第四节 和波斯默少校的尴尬关系与和解 / 186

  第五节 突袭科洛夫拉特阵地 / 189

  第六节 进攻库克 / 194

  第七节 克拉格恩扎山 / 199

  第八节 进一步推进战线 / 203

第九章　越过河流追击敌军

第一节　行军路上 / 210

第二节　追击敌人 / 213

第三节　西莫莱斯之战 / 214

第四节　在隆加罗内战斗 / 217

第五节　法伊之战 / 221

第六节　我在山地部队的最后日子 / 225

第一章

法国北部的战争

第一节　踏上征途

1914年7月31日的乌尔姆硝烟弥漫、人心惶惶。一些危言耸听的谣言传播得和瘟疫一样快。每天早上，布告牌前都站满了人，号外的报纸接连不断。

早上，第49野战炮兵团第4炮兵连以饱满的精神状态穿行在这座城市间，他们高唱着《守卫莱茵》，对即将面临的战事充满了期待。

我从今年3月开始担任福克斯炮兵连中尉排长，从那时候起，我每天早上都会陪着士兵们做操，有很多热情的群众围观我们，士兵们在众人的目光下更加英姿挺拔了。

下午的时间，我们总算可以松口气了。因为不用再执行任务，我就把马拴在了营房院子里。现在的局势对我们越来越不利，我一心想早日回到国王威廉一世步兵团，也就是第124步兵团（符腾堡第6团）第7连。过去的两年时间里，我一直都和7连里的士兵一起同甘共苦。

我和二等兵汉勒匆忙收拾了行李，终于在当天深夜赶到了魏因加藤。团部驻扎在魏因加藤一座很旧的修道院中，营地里的士兵们检查着自己的所有装备。我一边向总部报告，一边和我的老战友们打招呼。他们还很年轻，脸上写满了激情，看来他们很期待即将到来的一切。

第一章　法国北部的战争

下午6点，哈斯上校来看看我们准备得怎么样了。他简短地说了几句话，说得我们更加斗志昂扬，恨不得马上就冲到战场上。就在这时，正式的命令终于传达下来。战士们激动得欢呼了起来。

第二天是安息日，我们伴着好天气举行了礼拜仪式。傍晚时分，士兵们唱着歌出发了，大家要乘火车去往拉芬斯堡。长长的列车朝着西边义无反顾地驶去。

在一片欢呼呐喊声中，我所在的团也按时出发了，但上级让我再留守几天，带预备队上去。我很不情愿地接受了这个任务，很担心自己会赶不上第一场战斗。

我终于在8月5日和预备队一起踏上了征途，耳畔有祖国人民的欢呼声，眼前有祖国的大好河山，这段旅程简直好极了。每到一个站点，迎接我们的都是无数的水果、零食和面包卷。甚至在经过科恩韦斯特海姆时，我还和家人短暂地见了一面。

我们晚上渡过了莱茵河，我看着搜寻敌人痕迹的探照灯两两交错之后又分开。战友们唱歌的声音渐渐小了，他们都睡着了。天气热得我有些烦躁，我目光游离，想象着过几天会发生什么事情。

8月6日傍晚，我们到了迪登霍芬附近的克尼斯马赫，终于离开了拥挤的车厢。我们穿过迪登霍芬，往卢斯瓦勒走。这里和我的家乡斯瓦比亚一点儿都不一样，人们看上去有点儿冷漠，路上到处都脏兮兮的。

我们天黑时还在不停地往前走，大雨突然落了下来，我们全身都被浇透了，行李里面也全是水，但这丝毫没能打击我们的积极性。经过6个小时的不间断行军，我们终于到了卢斯瓦勒。连长巴莫特中尉已经在这儿等我们很久了，他安排我们睡在了稻草床上。

后面几天，我们的主要任务就是训练。另外，也会强化一下使用铁锹等工具的能力——我们一点儿都没有放松。

下雨天我们没法训练，就会到附近的波林根执行警戒任务。我和我的几个手下在执行警戒任务时吃了油腻的食物，导致现在胃有些不舒服。

8月18日，我们开始继续向北前进。我骑着连长的备用马，士兵们一如既往地唱着歌，穿过了德国与卢森堡的边境。那里的人给我们带来了水果和饮料，我们就这样吃着水果、喝着饮料到了布德斯堡。

第二天早上，我们开始往西南方向走。穿过法国布置在隆格维炮兵的枪林弹雨，我们到了黑姆安营扎寨。

第一场战斗随时有可能开始，我的胃却特别难受，吃什么都不能缓解。我没有告诉别人我生病了——刚到战场就退缩是懦夫的行为。

又走了一天，我们到了比利时的梅勒蒂日。当地人大概深受战争之苦，所以变得沉默寡言了。等我们一切安排就绪后，突然有几架飞机朝我们开火，幸好什么都没打到。

第二节　做好战斗准备

8月21日本来该是休息的日子。但是一大早，我就和几个军官一起向哈斯上校报告，希望去侦察敌人的部署情况。他让我们带着五个人，越过巴朗西和戈尔西，朝隆格维方向的科什纳靠近。这段路全程八英里[①]，为了节省

---

① 1英里约等于1.609千米。

第一章　法国北部的战争

时间，上校允许我们坐马车过去，但是刚到梅勒蒂日，马车就撞上了一堆肥料，马也跑了，我们只能步行去前面侦察了。

执行任务过程中的任何一个动作都可能会影响到生死，所以我们一直都保持着精神高度集中的状态。我们顺着路边的沟壑离开村子。眼前这条凹凸不平的路穿过农田，向巴朗西延伸开去。听说那里前几天被敌人占领了，可是到达那里之后，我们发现巴朗西并没有成为敌占区。我们离开公路，又经过一块农田，穿过法国边境，往戈尔西方向去了。科恩中尉带领的另一个小分队跟在我们后面，想找到合适的位置掩护我们。

在戈尔西到科什纳的公路上，我们看到敌军的步兵和骑兵正在向科什纳方向移动，于是就以路边浓密的植被作为掩护，到了距离科什纳500码的一块林中空地。

我用望远镜看了看科什纳方向，没看到敌人。我们放下心来，开始走大路。没走两步，就看到一个年纪很大的女人在干活。她用德语告诉我们，法国人的军队在一个小时前就离开科什纳往隆格维去了。

我们不知道她说的是真是假，不敢放松警惕，一直将手指放在扳机上。为了防止敌人从很近的地方突然跳出来，我们连刺刀也上好了，就怕被敌人打了伏击。

我们越往前走越感觉到老妇人没有说谎。这里的居民对我们很友好，他们拿来了食物和水，我们先让他们吃了，然后自己也跟着吃了。为了尽快把这里的情况报告给总部，我向军需官借了6辆自行车。

回程的路上，我们发现有片阵地曾经遭遇过大规模的炮击，但是周围没有发现敌军的踪迹。总而言之，我们的侦察任务算是完成了。

但是这样我们也没有放松警惕，一直保持着一定的距离，快速地通过了戈尔西，一路往巴朗西前进。我急着回去报告，所以走在最前面。

我在梅勒蒂日的街上碰见了团长，把侦察到的情况一一向他做了汇报。完成了汇报，我才感到自己又累又饿，就拖着疲倦的身体前往营地，希望在动身前可以休息几个小时。

可是当我到营地时，却发现大家已经整装待发了。汉勒的手脚还和以前一样麻利，把我的行李都收拾好了，还装好了马鞍。出发前，我们侦察小队连口饭都没来得及吃。

我们随部队到了距离圣莱杰0.75英里的一个小山丘上，这里地处圣莱杰的东南方，西南方向不时地会传来枪声和炮声。我们让1营驻扎在威朗库前沿阵地——他们下午就在那里和敌人交上火了。

天黑后，除了1营外，全团都在圣莱杰南边两英里的地方安营扎寨，担任警戒任务的部队被安排在了前方0.75英里处。我安顿好了一切，正准备睡觉时来了电话，让我去距离宿营地50码[①]的团部找哈斯上校报到。哈斯上校命令我走捷径穿过小树林，带1营撤到312高地休整。

我带着戈尔兹中士和7连的两名士兵去执行这个任务，我们带上指南针穿过了312高地东南方的草地。漆黑的夜里什么都看不见，只有耳朵能派上用场，我听到右侧的哨兵询问口令的声音和零星的步枪声。我们很快就爬到了一个树木茂盛的陡峭山坡，不时地会停下来听听周围的动静。经过一番周折，传令小组终于到了威朗库西面的山顶。

我们在山顶向下看时发现东南方的隆格维阵地被炮火轰炸后燃起了熊熊大火，无论怎样，任务是一定要完成的，我们穿过浓密的灌木丛，往威朗库方向走去。这时，黑暗中突然出现了一名哨兵的声音："站住，谁？"我知

---

① 1码等于0.9144米。

道法国人也经常会用德语发问，一时间难以分辨面前的哨兵是敌是友，几个人迅速趴在了地上。"口令！"我们自然不知道什么口令，我报出了自己的名字和军衔，幸好被认了出来。这是1营的哨兵。

我们在离威朗库不远处，距离镇子500码远的地方找到了1营的部队，1营的战士们排着密集的队形，在威朗库的米希拉威尔公路旁休息。

我刚到达1营，就立刻向营长考夫曼少校传达了团长的命令，但是这个命令却没能被立刻执行——因为1营现在属于朗格尔旅。于是我被带到了朗格尔将军那里——一个位于威朗库西南方向半英里的山上指挥所。朗格尔将军让我回团部复命，他没法放走1营，因为朗格尔旅的剩余部队还没有到达威朗库。任务没有完成，我和三个同伴只好垂头丧气地回到了312高地。

这时已经是第二天凌晨了。我叫醒了团部副官沃尔特，向他做了汇报。哈斯上校也听到了，他不太高兴，命令我去驻扎在圣莱杰的第43旅，亲自向旅长默瑟将军报告朗格尔将军不愿意放走第124步兵团第1营。我已经在外面跑了18个小时，早就已经筋疲力尽。虽然任务艰巨，但作为军人，我必须完成。

我在黑暗中摸索着找到了连长的备用马，一路往北疾驰而去，在离圣莱杰东南不远的一座小山上找到了默瑟将军的营帐。他听了我的报告后很不高兴，命令我立刻返回团部复命，再通知朗格尔将军，1营必须在天亮前执行124团的命令。

我骑马加步行，在黑夜中翻山越岭，穿过树林，走了大概6英里后终于到了威朗库，将命令传达到位。等我回到312高地的时候，天已经亮了。战士们吃过了早餐，部队早已集结完毕，幸好我的勤务兵帮我装了满满一壶水。天色大亮后，天空中起了浓浓的雾。这时，团部的作战命令也下来了。

第三节　战斗正式打响

凌晨5点左右，2营开始向布莱德东北方向1.5英里的325高地前进。大雾导致能见度顶多50码，地上满是露水。营长巴德少校派我先去侦察前往325高地的那条路。这时，我已经连续执行了24个小时的任务。我拿着地图和指南针找到325高地时，部队也随之到了，驻扎在东北面的斜坡上。

不一会儿，我们部署在325高地西、南两个方向的先头部队和敌军遭遇了。好几个方向都能听到枪声，有时子弹甚至还会从我们的头顶飞过。我们不觉得恐惧，反而受到了激励，一位军官激动地骑着马往敌军的方向跑了几百码，结果被射中了。我们的士兵端着步枪冲过去，俘虏了一个穿红裤子的法国士兵。

就在这时，我们听到了指挥官向左后方发出的命令："一半部队向左，前进！拉大间距！"与此同时，1营的右翼在大雾中出现。连长命令我们排马上呈战斗队形散开，与1营的右翼相呼应，往布莱德的东南方前进。

我骑着马跑向汉勒，用自己的手枪换过他的步枪，命令全排呈展开的队形朝布莱德方向推进。浓雾仍然没有散去，我们穿过325高地斜坡上的一片马铃薯和卷心菜地时能见度顶多50~80码。

一排子弹从近距离朝我们射过来，我们立刻趴下，躲在马铃薯地里。更多的子弹"咻咻"地飞过来，我立刻用望远镜观察敌人所在的位置，却什么都看不见。

敌人肯定就在附近。我带领手下冲过去，但我们只在卷心菜地里发现了几个明显的坑，开枪的法国人早跑了。我们的行军速度太快，反而没有和1营的右翼联系上。

在浓雾中，又有几排子弹朝我们射了过来，但每次只要我们冲过去，敌人立刻就撤退了。差不多又往前走了半英里，大雾中突然间出现了一道高高的篱笆，我们在右后方隐隐约约看到了一个农场和一簇高高的树木，敌人的脚印到这儿之后就往右边的斜坡去了。我让我的排暂时藏在灌木的阴影下，然后派出一支全副武装的侦察小分队去寻找我们的战友。

我和奥斯特塔格中士，还有两名测距员一直盯着前面的农场，没有发现任何异常。我们在一座建筑物的东面发现了一条狭窄的泥土路可以通往左侧的公路，又发现远方有很多农舍。根据这些，我很肯定我们是在布莱德的米希拉威尔一侧。

我们一边小心翼翼地往公路上走，一边仔细地观察着建筑物的一角。10多名法国兵就在距离我们不到20步的地方喝咖啡、闲聊，随意地将步枪夹在胳膊下。他们没发现我们——后来我才知道这些士兵是法国101步兵团拉普拉斯营5连的，奉命镇守布莱德东南方的出口。

我飞快地撤到建筑物后方，想着要不要把整个排都叫过来参加战斗。转念一想，我们四个人应该就能对付这些懒散的法国佬。我通知手下，看准时机就下手。我们轻轻拉开保险，从建筑物后面突然跳出来朝他们开枪，很多人立刻就被打死或打伤了，但是大多数敌人利用后面的台阶、花园的墙和木头来作掩护，朝我们开火。一场近距离的火拼就这样开始了。

敌人离我大约有20码的距离，他们在房子的台阶后面将自己掩护得很好，只是脑袋探出来一点儿。我和他几乎同时朝对方开了枪，但都没有打中。子弹擦过我的耳朵，我无暇顾及这些——我必须飞快地上子弹，然后冷静地瞄准敌人。要用标准的440码的步枪击中20码外的敌人不是件容易的事，我们平时没有做过这样的训练。但是还好我比他快。

对面大概还有10名法国兵在朝我们开枪，其中有好几个人隐藏得很好，根本看不到他们，我用手势命令手下冲过去。我们大喊一声，一起冲过村子里的街道。几个法国兵突然从门口和窗口出现，向我们开火。

他们优势明显，我们只能先撤到篱笆附近。幸好我方没有人员伤亡，这时排里的其他人正准备前来支援我们。因为我们已经安全撤离，就没有必要再上前了，我命令所有人隐蔽起来。

远处的敌人还在向我们开枪，不过子弹都从离我们头顶很远的地方飞过去了。我用望远镜观察，看到敌人距离我们大概70码远，从屋顶和农舍地面朝我们开枪，有几支步枪的枪管从屋顶的瓷砖间伸了出来。

我决定不等支援，就这样带着我的排冲进布莱德。

最猛的一个火力点在远处的一座建筑物中，我们必须先拿下那座建筑物。我的计划是让二分队向地面和屋顶的敌人开枪作掩护，让一分队绕到那栋房子右侧，强攻拿下。

一分队很快在附近找了几根圆木头用来破门。我们还找了几捆稻草，准备把里面的敌人熏出来。二分队趴在树篱下随时准备开火，一分队也已经找到了不错的掩护地点。

随着一声命令，二分队开火了。我和一分队会合，沿着几分钟前刚刚走过的路线向着目标前进。房子里面敌人的注意力都被二分队吸引，担任攻击任务的一分队躲在建筑物旁，那是敌人的盲区。我们快速地用大圆木撞开门，点燃稻草，扔到满是谷物和饲料的建筑物里，然后将门封死，他们出来或者不出来，都必死无疑。不一会儿火越烧越旺了，幸存的敌人没办法，只能选择投降。

第一章 法国北部的战争

我们从一座建筑物冲向另一座建筑物，二分队也和我们一起行动。敌人被我们吓破了胆，有的直接投降，躲在隐蔽处负隅顽抗的很快就被我们干掉了。

2营的战士们冲过了着火的村子，与1营混在了一起，战事的激烈程度持续升级。

小巷子中有一座有围墙的教堂，教堂里的敌人火力很猛，不断地朝我们射击。我们利用地形，从一栋房子冲到另一栋房子，很快就接近了敌人。就在我们准备攻进教堂时，敌人却往西边跑了，就这样消失在浓雾中。

我们左侧遭受到猛烈攻击，伤亡人数激增，周围都是士兵们惊慌失措的叫喊声。洗衣房后面临时建起了一个急救站，那里的士兵们伤势都很严重。有的士兵痛苦得大声叫喊，有的看起来像是死了一样，目光呆滞。

布莱德的西北和南部仍旧在法国的控制下。阳光将浓雾驱散，与此同时，我们身后的镇子着起了火。现在留在布莱德没有任何用处，我尽量将所有人都召集过来，为伤员安排好担架，然后朝东北方向出发。我想离开这里，和部队尽快取得联系。

眼前的景象一片萧条，到处都是燃烧的木头和危楼，从着火的房子中跑出的牲口挡住了我们的去路。我们差点儿被呛死，但最后总算是走了出来。在将伤员安顿好后，我召集了一支大约100人的队伍朝布莱德东北方向的一块低洼地走去。

第四节　继续在布莱德战斗

我们的右侧是325高地，大雾还没有散去，所以没有办法确认南坡农田里的人是德军还是法军。我们右边0.5英里处有一处洼地，远处黄色麦田的边缘可以看到法国步兵穿的红裤子，从他们垒的工事可以看出他们大概是隶属法国第101步兵团7连的。

布莱德的战斗仍然在我们左下方的洼地里进行。我们连和2营都不见了踪影，难道只有一部分官兵在布莱德，大部队还在后方？我不想消极待命，所以决定攻击对面那些本属于2营负责的敌人。

我将手下带到山脊后面，让大家快速进入阵地，一齐开火。部队很快就呈梯形散开了，一部分士兵藏在马铃薯地里，另一部分藏在橡树后面，整个过程大家都很冷静，开枪时瞄得也很准。

先遣队刚进入阵地，敌人的子弹就飞过来了，但是只有少数打在了我们前面和旁边的土地上。敌人足足打了15分钟，却只在一名士兵的餐盒上打了个洞，然而他们不断的进攻却让我们摸清了他们的火力。

我看到我们后方0.5英里的地方有些友军正在往325高地前进，这样我们的右翼也有了有效的支援，更加可以没有后顾之忧地放手一搏了。我们分成几个小组，互相呼应，向前推进。不一会儿，我们整个排就到了前方的一个洼地中，这是敌人的火力死角。多亏了敌人的枪法不准，部队到达这个位置的时候仍然是零伤亡。

我们迅速给枪装上刺刀，往高地前进，不一会儿就来到了可以冲锋的距离。整个过程中，敌军都没有给我们造成一点儿麻烦。就在这个时候，敌人的火力突然全都停下了。我怀疑敌人发现了我们，正朝我们冲过来，于是便抢先向敌军阵地冲过去。奇怪的是，阵地上只有几具尸体，没有一个活人。抬头一看，敌人正向西边的农田撤退呢。那里的庄稼很高。我决定让我的排再当一次急先锋。

我想等到我们的右翼部队上来占领刚刚获得的敌军阵地。我和一分队的队长、一名6连的上士、本特勒中士前往敌人逃窜的方向侦察。在那期间，我的排一直和侦查小组保持着联系。

我们到了布莱德北面的一条马路，那里连接着热维蒙和布莱德，这一路一个敌人也没碰到。那条马路越往北越高，两边灌木丛生，挡住了西方和西北方向的视线。我们将其中一簇灌木设成了观察哨。可是四处都见不到一个逃窜的敌人。本特勒突然指着右边不到150码远的一片庄稼，我们看到庄稼中间有法国士兵背包上的餐具反射的阳光。

我军此时的火力正集中在山脊的最高点和325高地的西侧之间，法军则在我们的强火力下不断撤退。我估计差不多有100个法国人正朝着我们的方向过来。这些士兵属于法国第101团6连，他们在325高地遭到了123掷弹兵团的猛烈袭击，现在正在往西南方向撤退，他们藏得很好，没有一个人把头从庄稼中伸出来。

我甚至不用把排里的其他士兵都叫过来，他们现在所处的位置正好可以支援我们。我们的子弹穿透力还非常强，这么近的距离，射穿两三个人不成问题，所以我立刻朝庄稼地中排成一列纵队的敌人开枪，就这样，敌人的队列很快就消失了。

不久，敌人竟然继续以相同的队列朝这个方向过来。我们三个人同时朝他们开枪，所以敌人的队列又消失了一会儿，然后分成了几个小队，迅速朝连接热维蒙和布莱德的那条公路的方向逃窜。我们又立刻向逃走的敌人开枪。

我们三个人都是笔直地站在那里，面前也没有什么遮挡物，敌人只要一抬头就可以看到我们，但是没有一个人向我们还击，三把步枪干掉了几十个法国人。我们就躲在灌木丛中，向左侧大约隔着10码的敌人近距离射击，非常容易就把他们撂倒了。

第123掷弹兵团正沿着右侧的斜坡往上走，我用手势示意我的排往热维蒙–布莱德公路的两侧前进。我们沿途发现一些法国人就躲在路边的灌木丛中，费了很大劲才说服这些法国兵成了我们的俘虏，因为他们不知从哪儿听说德国人抓了俘虏就会杀掉。

我们从灌木丛和庄稼地中一共找到了50多个俘虏，都是法国第101团6连和7连的士兵，其中还有一名上尉和一位胳膊受了轻伤的中尉。直到我手下的人给俘虏们发了烟，才让他们相信我们并不会把所有的俘虏都杀掉。

这时第123掷弹兵团已经到了斜坡顶端的热维蒙–布莱德公路。敌人突然从勒马山坡的密林中向我们开火，那是位于布莱德西北方向的一处高地。我迅速将我的排带到了右边的沟里，总算是找到了掩护，还可以找机会还击。可就在这时，我眼前一黑，晕了过去。

过去的24小时，我一口气都没歇，又在布莱德进行了激烈的战斗，我的胃本来就不舒服，现在终于耗尽了最后一点儿力气。我想我应该昏迷了很长时间，醒来的时候看到本特勒中士在身边照顾我。

法军的炮弹不时地会在周围的地上爆炸，我们的步兵正从勒马树林那边朝325高地撤退。我感到非常疑惑，占尽了优势的我们为什么会撤退呢？我立刻命令一些正在撤退的步兵停下，在热维蒙–布莱德公路的部分地段挖战壕。我总算从这些士兵那里弄清了撤退的原因，他们在勒马树林遭到了重创，连指挥官都牺牲了。

15分钟后,号手吹响了集结号。士兵们从四面八方朝布莱德的西侧集结。所有的连都陆续赶到了这里。我这才发现,部队的指挥系统濒临崩溃,仅第一次战斗,我们整个团就损失了25%的军官,士兵的伤亡率也达到了15%。令我更加伤心的是,我的两个最好的朋友全部都在这场战役中牺牲了。我们休息了一会儿后,又通过布莱德南部向戈梅里前进了。

整个布莱德满目疮痍,士兵、平民、牲畜的尸体杂乱无章地躺在冒烟的废墟中。我们得知德国第五军全线败退,正在撤军。初战告捷的喜悦被这一消息冲得无影无踪。

我们继续向南行进,有时会远远地看到敌人在行军,我们就只好停下来等他们过去。第49炮兵团的炮兵连一路跑着占领了公路右侧的阵地。等我们听到他们的第一声炮响时,敌人的纵队早就消失了。

夜幕再一次降临,我们又困又累,终于到了吕埃特村,那里被我们的士兵们挤得满满当当。我们就在空地上露营。我们累坏了,甚至懒得去找稻草了,就直接躺在潮湿、冰冷的地上,可是躺下后,又睡意全无。

快天亮的时候,天气变得愈发冷,大家都冻坏了。早上我的胃病又犯了,折磨得我痛苦不堪。天再一次亮起来时,浓雾又笼罩了大地。

第五节　渡默兹河

在隆格维和敌人苦战一番后,我们去追击敌人。在谢尔夫和奥坦防区,我们和敌人打得非常激烈。法军用猛烈的炮火攻击掩护他们的步兵撤退,甚至都没顾得上他们自己的士兵也在炮火的攻击范围。

8月28日到29日晚上，124步兵团7连在雅梅特南部执行前哨任务。所有的哨所都挖了壕沟。8月29日晚上，部队推进到了默兹河。休整期间，队伍最前方的第13工兵连在雅梅特西侧遭到了敌人的突袭，他们藏在附近的树林中，火力非常猛，双方上演了激烈的肉搏战，我们的士兵甚至用铁锹和斧头攻击敌人，战斗异常惨烈。

我方最后俘虏了蒙梅迪要塞的200名驻军和守将，敌人本想走捷径去凡尔登，我们却正巧赶上了这场战斗。

法军在默兹河西岸的阵地上用炮弹攻击我军，但是并没有给我军带来太多损失。快中午时，我们顶着炙热的骄阳向敦村出发。我们营被部署在敦村东边一英里处的树林中。不久后，法国人开始猛烈攻击我们。

我们先听到远处的枪声，又听到炮弹声临近。几秒后，炮弹经过我们头顶，发出巨大的爆炸声，有的直接击中了树木，有的则深深地扎进了地里。弹片乱飞，草皮和树枝不停地落在我们头上。

炮弹有时落在我们身边，有时又落在很远的地方，每次爆炸时，我们都会和身边的战友紧紧地抱在一起趴在地上，谁也无法预知危险是否会降临到自己头上。我们营一直在树林中待到晚上，不幸中的万幸是，我们营在这次进攻中的伤亡极低。

第49野战炮兵团第4连驻扎在距离敦村大概半英里的地方，就在我们前面的林子边缘，我一个月前还在那个连里面服役。第4连运用半隐蔽的阵法和法军交战，可是没办法，敌人在装备上占据优势，炮兵连实在抵挡不住他们的炮火，在装备和人员方面都伤亡惨重。

晚上，2营回到了马尔沃，我们在宽敞的空地上过夜。我的胃病又犯了，今天一整天，我就吃了一点儿谷物，因为现在部队里急缺面包。

8月30日清晨，法军的炮火打断了我们的礼拜，我们在默兹河上的炮火交锋变得异常激烈。让人开心的是，有橡胶轮胎的马车拉着我们的210毫米重炮进入了前线战场，炮弹就朝着敌人那边飞过去了。

8月30日和31日，我都待在马尔沃拥挤的营房中。2营早上让工兵在默兹河上搭了一座浮桥，作为53旅的先头部队经过米利向萨塞进发，2营到了蒙特旺萨塞不久就搜索了所有的地下室，俘虏了26名法国士兵。这些士兵隶属于124团。碰巧的是，他们竟然和我们团的番号一样。

我们的步兵在蒙特的西南方向遭到藏在西面树林中敌人的伏击，敌人的火力非常猛。不久后，我们在萨塞西南山上的炮兵向蒙特开了炮，但是结果竟然造成了自己人的伤亡。原来在半小时前，我们的侦察小队在蒙特受到了袭击，炮兵是根据侦察小队的报告发动进攻的。

炮兵过了好久才发现自己伤害了战友，这才停止了攻击。7连的一个排接到命令去攻击蒙特西面的敌人，但敌人的火力很猛，他们没法完成任务。于是上面又命令另一个排过去支援，但仍然无法突破防线。敌人的兵力远远超过我们，又占据了有利地形，易守难攻，我们的部队损失惨重，只能被动挨打。

我们的前线局势不容乐观，只能暂时撤退，7连奉命去支援124步兵团，他们在蒙特南边1.25英里处的杜尔孔树林被敌人狠狠压制。

我们穿过蒙特村，向东南方向跑去，因为隐蔽得很好，敌人没有发现我们，我们得以顺利爬上297高地。部队快到蒙特树林的时候，我们不得不卧倒在地，因为法军的大炮攻势实在太猛了。幸好我们在树后、洼地、平地上都找到了掩体，但就是没有发现127步兵团的踪迹。

连长命令我带着两个人去杜尔孔树林南侧的边缘地带，尽量与127团取得联系，这一路上，我们三个人多次遭遇敌军的袭击，却始终没有发现127团的踪影。默兹山谷下面的敦村正在被法军猛烈炮击。我们分析法军的炮兵应该部署在默兹河西岸的山丘后面。

我们当时所处的位置既看不到自己的步兵，也看不到敌人的步兵。在一个大约100码的空地上，我们在各个方向都安排了岗哨，部队则保持行军队形休息。

为了找到127步兵团的下落，连长派出了几名侦察兵。结果我们也就休息了5分钟，那些侦察兵甚至还没有走出我们的视线，我们所在的空地就遭到了法军的炮火攻击。

炮弹就像雨点般向下落，我们只能躲在树后，用背包临时组成应急工事。猛烈的炮火持续了好几分钟，但是好在没有造成人员伤亡。我们的背包挡住了几枚弹片，一个士兵的刺刀被炸碎了。

我们想不明白，法军的炮兵怎么能这么快就找到我们所在的位置？

这时候，侦察小组的一个人回来了，还带着127步兵团的一名重伤员。伤员说127团几个小时前就撤离了，前面林子里除了伤兵和一个士兵的尸体没有其他人了。法军的几个营两小时前从他面前经过，向北边走了，他觉得那些部队还在林子里。

如果现在的情况真像这名伤员所说，那我们连这个时候深入树林怕是会羊入虎口。我们应该撤退吗？我们的营就在这个时候出现在后面，问题解决了，和营长商量之后，我们连作为先头部队向西推进，我们排则充当连里的尖兵。

走了5分钟左右，我们突然听到小型武器的射击声和人的叫喊声。声音来自我们右侧，我们朝枪声的方向走过去。穿过一条两侧布满了灌木的小路，

第一章　法国北部的战争

又走过一段笔直的路后，我们看到前面大约100码的地方出现了黑色的身影。子弹从我们耳边飞过，看来我们想得没错。

我们很快以灌木为掩护，将连队布置在小路两边。敌人的火力虽然很猛，但多数是一顿乱开枪，只有一些跳弹让我们的部分士兵受了伤。我们在浓密的灌木丛中匍匐前进，直到离敌人150码左右的距离才开火。茂密的灌木丛遮挡了我的视线，我只能看到自己的几个手下，根本无法指挥全排。就在这时，光线突然亮了起来，原来我们到了一片空地上。

我从前面传来的声音判断，我们现在距离敌人大约100码，我想领着兄弟们冲到前面的空地，但是发现那里长满了黑莓，过不去。敌人猛烈的炮火不间断地攻击我们，我们只能一直保持着趴下的状态。部队索性就直接对敌人开火了，虽然距离很近，但是敌人都被浓密的树叶挡住了。

后面的两个排也呈散兵队形上来了，人和人之间保持着2~3步的间距。这时，连长命令道："继续射击和挖战壕。"我们的连长巴莫特中尉这时候正趴在前面的一棵大橡树旁动弹不得，幸亏敌人的弹道很高。即使这样，我们的人偶尔也会被跳弹打中。

我们的步兵在旁边掩护挖战壕的兄弟，有时也会朝敌人射击。这个地方的土质不好，挖起来很费劲。

突然有人从我们的后面向我们射击。子弹打到了我旁边，溅了我一脸土。我左边有个人痛苦地大喊大叫起来。他的身体被子弹打穿了，疼痛难忍，"救命啊！医护兵！我快死了！"我爬到这名伤员身边，但是已经太晚了。他的脸因为疼痛而扭曲变形，随着全身的一阵战栗，他咽下了最后一口气。就这样，我们又失去了一名战士。

我们所在的位置几乎没有任何遮挡物，前后夹击让我们没有还手之力。

我们营的一些官兵一进入敌人的火力圈就立刻向他们反击，但浓密的灌木让我们的反击没有什么实效。

我们右边的战斗越来越激烈，一颗子弹击中了我用来挖战壕的铁锹，连长巴莫特中尉的腿上也中了一枪，只能由我来指挥全连了。

不一会儿，我军在右翼向敌人发起攻击，军号声、战鼓声、叫喊声不绝于耳。我命令7连从空地左边绕过去突袭敌人。大家都想尽快离开这个糟糕的地方，我们决定突围出去。

敌人想要阻止我们和右翼的部队会合，于是朝我们开枪，但等我们到了空地时，敌人却不见了踪影。我们乘胜追击，现在最重要的任务就是抢占杜尔孔树林的南部边缘，因为到了那儿，我们就可以趁敌人撤退时再打他个措手不及。

整个连都在我的身后，有了底气的我赶快带几个班的先头部队前往边缘处，但等我们到了那儿之后却还是没能追上敌人。

我们面前对着一块高地，它的南面有一个宽阔的牧场，旁边是布里耶尔农场。高地的后面和右侧有法军的炮兵正在朝默兹山谷开炮，但是我们没看到敌人的步兵。从现在的局势判断，他们可能撤到西边的林子里了。

我们与连队失去了联系，我手下现在只有12个人。127步兵团的一个侦察小分队上来告诉我们，他们准备从布里耶尔的林子发动攻击。不一会儿，我们看到有散兵从左翼向前推进。现在我想的是：等连里的其他兄弟上来，还是用这12个人袭击敌人的炮兵连？我最终决定带12个人先上，希望支援可以快点儿跟上来。

我们迅速冲到一片洼地里，在距离布里耶尔农场700码左右的地方，开始向法国炮兵连的阵地匍匐前进。我从炮声中感觉到我们距离法军就剩几百码了。这时，我们左侧的127步兵团正在向农场靠近。天渐渐黑了下来，我们自己的部队突然从农场向我们开枪，他们应该是把我们当成法国人了。

在自己人猛烈的攻击下，我们只能卧倒。我们用力挥舞头盔和手帕，想向对方传达我们的身份信息，但是没用。我们附近连掩护的东西都没有，只能紧紧地趴在草地上，战友们朝我们攻击了几个小时，子弹从我们旁边呼啸而过，我的手下都开始说脏话了，已经不是第一次遭遇这种情况了，但每一次都让人感觉很无语。现在只能祈祷天快点儿黑下来，只有这样我们才有可能活下来。

战友们终于停火后，我们仍然趴在原地不敢动，生怕再次吸引来火力，等了好几分钟，才又爬到后面的洼地里。我们真是命大，12个人竟然都安然无恙。

这时再去攻击法国炮兵已经来不及了，我的胃也不行了。我们回到杜尔孔树林时天早就黑了，月光从稀薄的云间洒下来，照在了我们的身上。到处都看不到连队的影子，后来我才知道，原来一名士兵告诉军士长，我在这片树林中牺牲了，所以军士长就没有等我们，直接集合队伍回蒙特附近了。

杜尔孔树林中，到处都是伤员传来的呻吟声，漆黑的树林让那些叫声听起来格外恐怖。我听见附近的灌木丛中有人叫"朋友，朋友"，这一般是德国士兵投降时会说的话。那是一名127团的小伙子，胸部受了伤，躺在冰冷的地上，我们走到他面前，那可怜的孩子啜泣着，他不想死。我们给了他一些水，用大衣将他裹起来，想尽量让他舒服些。

伤员的声音四处飘荡。有人在喊自己的母亲，闻者伤心，听者流泪。有人在祈祷，更多的人在痛苦地叫喊，里面还夹杂着一些零碎的法语："我受伤了，朋友。"曾经的战友们躺在这里受尽折磨，他们发出的声音甚至有可能是死前最后的低语，想到这些，我的心就异常难受。

我们不分敌友，将面包和水分给了他们。因为没有担架，我们没法将重伤员都带上。如果背着他们走只会加重病情，可能在路上就死了。这时的我们也是身心俱疲，快午夜时才到蒙特。

这个村子里面受损非常严重，本来就为数不多的几间屋子也被炸弹轰得面目全非。小路上到处都是死马。我们在一间屋子中遇到了医务连，向他们说了杜尔孔树林的伤员情况，连长决定去救治他们。我的一个手下自愿给他们当向导。目前我还是无法与营部取得联系，就想着先给大家找一个过夜的地方。

灯光从一栋房子中透出来，我们走了过去，屋子中的十几个女人看到我们都吓坏了。我用法语向她们说明，希望可以有个地方能让我们睡觉，有点儿东西给我们吃。她们帮我们解决了吃和住的问题，我们终于躺在了干净的床垫上，很快就睡着了。第二天早上，我们继续寻找2营，终于在蒙特东边找到了大部队。

他们还以为我早就牺牲了，看到我的那一刻，他们非常惊讶。现在是由艾希霍尔茨中尉指挥着7连。我们当晚就在蒙特宿营，在西南入口处安排了岗哨。我从一个法国人开的商店里弄了两瓶酒，给了汉勒一瓶。晚上我睡在了一张豪华的大床上，享受了王子般的待遇，虽然那里的蚊虫叮得我一辈子都忘不了。

第六节　热斯内的战斗

1914年9月2日凌晨，我们转移到了一个名叫维莱德旺敦的村庄，经过短暂的休整，我们又在炎炎烈日下出发了，我们经过昂德维尔和罗蒙维尔，到

第一章 法国北部的战争

朗德雷和团部会师。这时敌人早已经撤退了，默兹河成了我军的大后方。

虽然在过去的几天里我们经历了很多战斗，也遇到了一些挫折，但这没有影响到我们的士气，军乐队仍然兴高采烈地演奏着。我们可以从南边清楚地看到火炮发射时的光，听到炮声，我们就这样继续往西走。

当天下午，我们又突然在朗德雷掉头，朝着东南方向去了，因为我们必须去支援第11预备师，他们遭到了敌人阻击。这一路上坎坷崎岖，我们刚到热斯内西北方向的树林中时，炮弹就毫不留情地朝我们飞了过来。

我和一名士兵穿过丛林，到了树林南部的边缘。我们边找掩护边向左走，发现了一条比较隐蔽的通道。可是当我们想回到大部队时，却发现他们已经转移了，只有汉勒和马还在原地等我们。

敌人的炮火还在不断地轰炸树林边缘，我们三个人只能骑着马往热斯内去，但我们离开树林后还是没有发现部队的踪迹。难道他们已经翻过山头往热斯内去了？

我们后来遇到了第11预备师的一支连队，因为他们的连长牺牲了，所以他们希望我能够暂时做他们的指挥。后来又有三支没有长官的连队到了我手下，我就带着这支规模还不小的队伍向热斯内进发了。

我们在热斯内西北方向1300码的一处山坡上稍作休整，经过分析，发现现在的形势非常严峻。敌军在我们前面的山上猛烈进攻，步枪、机枪、大炮的声音都混在一起，看来我们的部队应该就在那里。

我让手下先休息，自己骑马走到防线后的反斜面，将马拴在灌木丛里。我果然在那座山脊上发现了第124步兵团1营的士兵和第123步兵团的人，他们正在和热斯内南边和西南方山上的敌军激烈交战。敌人的炮火非常密集，我军的进攻迟迟没有进展，只能先挖壕沟，守住现在的位置。

敌人们的隐蔽功夫做得非常好,就算用望远镜,我们也很难确定他们的位置,他们的炮火打得我们苦不堪言。到现在我们都没能找到2营的踪迹。

我在骑马返回的路上遇到了一名第123团的上校,向他报告了前线的局势和我暂时带领的连队位置。上校听后接管了我的指挥权,这让我有点儿不开心,不过这样我就能放心地去找2营了。但我无论怎么找都看不到一点儿2营的踪影,无奈之下我只好又返回了之前驻扎的山上。

我将那儿的第124步兵团1营的战士们整合起来,组成了一支100多人的队伍。可是法国炮兵向我们发起了猛烈的攻击,我们很快就被打散了,幸好敌人的炮火只持续了不长的时间。

法国人停止攻击后,我又开始寻找2营,可是一直到天黑,仍然没有任何收获,只能先回归队伍。队伍中的战友们都非常疲惫,从早上到现在都没有吃过东西,又饿又渴,但我也没有办法,厨房车不可能穿过热内斯森林。

我计划第二天一早往西去埃克赛蒙特,团部可能就在那儿。第二天清晨的气温突然降低,胃疼像闹钟一样叫醒了我。

天快亮了,法军的枪声又响了起来。我们向埃克赛蒙特方向撤退。我终于在撤退的途中找到了团部,他们藏在埃克赛蒙特东北方向一处洼地中。我见到了2营的兄弟,他们现在是团里的预备队。

我将之前的事情一一向团里做了汇报,他们听后给了我一个新的任务。接替营里受伤军官的职务。团部的伙食和前线一样差,但是因为胃实在不舒服,我勉强吃了些麦片粥。

这时,炮兵好像停火了,只有一些轻武器射击的声音。9点多,营长叫我一起去侦察敌情。昨天,1营和2营顺利抢占了埃克赛蒙特和热内斯之间的山脊。我在和营长的这次侦察中亲眼看到了昨天战斗过后的惨状。我的老熟人莱因哈特上尉和霍尔门中尉也在其中。

我们观察到在特隆索农场的敌军一点儿动静都没有。过后我又去找厨房车，这是一个很重要的任务，战士们已经饿了30多个小时了，但是没有人知道厨房车在什么地方。

我先在热斯内和罗马涅的树林里搜寻，罗马涅那边停着的都是第2预备师的车，我记得厨房车本会经过埃克赛蒙特去往热斯内，可是热斯内还是没有厨房车的影子。于是我又到埃克赛蒙特去找，当时两边高地上的士兵都已经停火了。

最后我终于在距离热斯内西南1英里的地方找到了2营的辎重队，其中包括战地厨房车。就像我猜的那样，他们越过了战线。几个侦察兵过来通知我团部已经在15分钟前出发了，那我就只能先将厨房车留在原地了。

特隆索农场附近的敌军都撤退得差不多了，所以我们没有遇到特别激烈的抵抗，遇到的只有敌军留下的尸体和伤员。我们全团都在农场附近扎了营，我的马也到牲畜棚去休息了。这些天它累坏了。

第七节　普雷兹之战

9月4日，我们沿着艾格里斯方丹—维里—谢皮—瓦雷纳这条路线向布勒伊莱进发。沿路都是敌军匆忙撤退时来不及带走的物品。炎炎烈日下，我们的前进速度很慢，晚上才到布勒伊莱。

次日，我们经过阿戈讷去往布莱斯奥克斯，途中经过了克莱蒙和雷伊莱特。虽然没有遇到敌军，但是我们分析自己和敌军的后卫部队大概也就一个小时的距离了。

长时间的行军后，我们终于在布莱斯奥克斯得到了休息。这儿的饭是热的，睡觉的时候有床垫，条件还算可以。

当天，乌利希上尉接管了2营。9月6号，天刚蒙蒙亮，我们就派了一队骑兵出去侦察情况。他们在布莱斯奥克斯偏南的树林里遭到了伏击，于隆居埃斯树林遇到敌军，1营马上过去支援，占领了特维安库到普雷兹的公路，俘虏了几个法国兵。

2营也紧跟着向普雷兹进发，路两边有很多树木，左侧树林里的战斗仍然在激烈地进行中。1营走到树林南部边缘时遇到了敌军的阻击，双方在不到100码的地方交上了火。

敌人的炮兵让我们的推进再次受阻，他们的这次行动肯定是有备而来的。虽然2营躲进了树林中，但在法军的轰击下，树林眼看就要被攻陷了。

快到正午时，2营接到命令，沿树林向西南方向占领普雷兹西面两英里的一个进攻位置，然后从1营右翼发起进攻，夺取260高地。

先头部队的指挥是基恩少尉，我们和他一起出发，中间没有遇到敌人就顺利到达了241高地。我们穿过狭窄的小路和茂盛的树林，在离树林边缘大概100码的地方，敌方的一支精锐侦察小队突然出现了。

我们双方交了火，对方很快就撤退了。我们没有人员伤亡，但是那之后我们却和营部失去了联系。为了恢复联系，我一个人骑马原路返回找部队，发现他们都藏在路左侧的树林里。

我向营部报告了最新战况，部队就又向着241高地进发了。但是走了不到几百码，敌军的炮火又来了，我们只能又停止行动几分钟。所有人都尽最大努力找掩体,树干、洼地、成堆的背包,都成了掩体。

敌人的炮火稍有松懈的间隙,我立刻跳上马背,想从左侧穿过树林和第1营联系。但是树林里的地面太泥泞,没法骑马通过,我只能又返回去从树林的东边步行前进。我走到树林东边350码外的一处高地时,敌人不断地向我开火,幸好我最终还是找到了1营3连。那时他们已经停止进攻了,正等着根据2营的行动再做出反应。

我把最新战况告诉他们后,营部立刻命令6连和8连一起对260高地发起进攻。敌军见势不妙,放弃阵地后撤了。曾经给我们造成巨大威胁的炮兵不见了,只剩下一个废弃的炮兵阵地和一堆弹壳。

我军拿下260高地后,继续去追击撤退的敌人,太阳落山后才停止战斗。各个连队都派出了侦察兵,剩下的人开始挖工事。我返回团部报告情况,顺便把厨房车也带了回来,这下,从离开布莱斯奥克斯之后就开始挨饿的兄弟们可以好好吃一顿了。团长哈斯上校知道后,对我们2营的表现大为赞赏。

我在普雷兹-特维安库的公路上发现了厨房车,将他们带到了我们营地,士兵们终于吃上了热乎乎的饭菜。

虽然我们现在有了一条直通指挥所的电话线,但我们第二天还是在午夜之后才收到命令。侦察兵们在营地里进进出出,不断地报告情况,让我们没法好好休息。

第二章

树林阻击

第一节　向德福依树林前进

侦察部队当晚顺利完成了任务，他们带回的情报显示敌人就在大约两英里外的德福依树林建立防御工事。团部让我们2营在早上6点穿过沃贝库尔到普雷兹的公路，前去占领那片树林，第123步兵团会在右翼配合我们进攻。

中午11点，我们营的6连和7连作为第一梯队向目标进行攻击；5连和8连在左后侧向森林的西北角前进，右侧暂时没有布置兵力。我骑着马在6连和7连之间来回跑。就在千钧一发之际，我们接到命令："停止进攻，原地待命。"

将命令传达下去后，我立刻骑马到260高地的团部指挥所询问到底是怎么回事。原来是哈斯上校想要等第123步兵团到达之后再一起进攻，但是他又不确定他们到这里的确切时间。这时，敌军开了炮，攻击我们的第二梯队。敌人应该是在北面布置了炮兵侦查所，才对我们的位置了如指掌。

团部命令我们保持现在的队形，先在马铃薯地和蔬菜地里挖战壕。我立刻返回，却被敌人的炮兵盯上了，为了躲避炮弹，我只能按照"之"字形路线边躲边前进。

接着，敌人还动用了中口径火炮，火力变得非常猛烈。5连的战士们卧倒的距离非常近，结果一颗炮弹过来，两个步兵班的士兵都牺牲了。幸好前线

第二章　树林阻击

部队已经挖好了散兵坑，才免遭厄运。

我军部署在260高地附近的第49炮兵团，其中一个连想对敌军进行炮火压制，但遭到了对方的疯狂反击。

我们的营部和团部指挥所都设在了沃贝库尔东北方向的公路和山口的交叉处，因为两个指挥所的距离过于接近，而且又有通信兵和骑兵来来往往，敌人根据这些信息很容易就判断出了指挥所的位置。敌人很快就对那个山头发起了猛攻，我们在他们攻击的这几个小时内没有一点儿办法。

跑了一整天，我累得筋疲力尽，就躺在路旁的壕沟里暂时眯了一会儿。枪炮的声音对我来说早已是家常便饭，就算有炮弹落在身边我也没有什么反应。虽然敌人密集的炮火几乎毁掉了整片树林，但我们的伤亡并不多。

天色渐晚，我们终于再次收到向德福依树林发起进攻的命令。战士们等待反击的一刻已经很久了。

我们的计划是3营负责左翼，第123步兵团负责右翼。等我们的部队到达进攻位置时，敌军的炮火明显已经减弱了很多，后来甚至连一点儿声音都没有了。

我骑着马和部队一起前进，可是法国人没有对我们进行任何火力阻击，既没有用炮轰我们，也没有用枪朝我们射击，他们可能又逃跑了吧。

我们先头部队的散兵线持续向前推进，每个人之间都隔着四步远的距离。左边的3营和进攻部队保持着一样的速度，作为预备队的第124步兵团第1营和机枪连在进攻部队后面保持着几百码的距离，而我则骑马跟着最左翼的7连。

我们前进到距离树林不到150码的地方时，仍然没有任何阻碍。但就在这时，敌人突然朝我们开火了。预备队赶快上前支援，但在敌人猛烈的火力之下，也只能先跟着攻击部队一起卧倒。大家都在找障碍物做掩体，但周围根本没有什么可以躲的地方。机枪手慌乱地把机枪架起来，一顿乱射，却打在了自己人身上，前面被打到的战友发出了惨烈的叫声。进攻还没开始，就结束了。

我当时在整个部队的最左边骑着马，听到叫声后快马加鞭地赶到机枪阵地，让他们停火。我让旁边的一个士兵牵着我的马，然后抽调了一个排的士兵到部队左翼，让他们在合适的位置对敌人发起进攻。他们成功压制了对方的火力，我们的右翼部队趁此机会重新发起了进攻。

我们冲向了敌人，虽然他们想再次用步枪对我们进行火力压制，但是根本阻止不了我们的冲锋。我们叫喊着冲进了树林，却发现敌人再次溜走了，树林里只有炸得歪七扭八的树木。我觉得这次是一举消灭敌人的好机会，乘胜追击才是正确选择，于是就带着两个班和机枪排去执行任务。

没有了灌木丛的阻挡，我们很快就爬上了树林左边的山坡。我们的前进速度肯定比敌人要快很多。经过一番追逐，我们到了树林东边的一个角落。

这时的天还没有完全黑，瞄准不成问题，连几百码外树林南边的出口我们都能控制住。大家快速将机枪部署好，步兵藏在树林里，所有的一切都已经准备好，只为了对付随时有可能出现在眼前的敌人。我们甚至可以清楚地听到从右后方传来的我军发号施令的声音。

焦急等待了几分钟后，敌人还是没有出现。天色越来越暗，我们左边的朗贝尔库尔建筑物燃起了熊熊大火。当时调动重机枪排没有征得团长的同意，所以这时我不由得有点儿担心。从周围的情况来看，这里应该不会有什么战斗了，所以我就让机枪排先回去了。

就在他们离开不久，一名士兵透过大火的光看到了三四十码外有一拨人，从望远镜里可以看到他们戴着法国人特有的钢盔和刺刀。他们正在以密集的队形翻过山脊逃跑。我顿时后悔让机枪排回去的决定，可是后悔也来不及了。

我们用自己手里的16支步枪朝他们开火。出人意料的是，敌人竟然没有仓皇逃离，而是一边喊一边朝我们跑过来。我根据喊声判断他们有一两个连，我们拼命地进行火力压制，但他们还是源源不断地冲上来，我立刻把几个本来想撤走的士兵叫了回来。

我们的火力最终压制住了他们，使得他们就地卧倒。但是这样一来，想要射中藏在草地中的敌人就更难了。这时，敌人离我们已经很近了，但我决定守住阵地，即使是拼刺刀也在所不惜。好在肉搏战没有出现，我们的火力削弱了敌人的斗志，他们冲锋的声音小了。

我们在边缘找到了5匹驮着重机枪的马，由此看来，敌人当时正朝着朗贝尔库尔方向撤退。我们的侦察兵在打扫战场的时候俘虏了十几名敌国士兵，还有大概30名死伤的士兵躺在地上。

2营显然没有按照指示穿过德福依树林。为了与营部取得联系，我和两名士兵押着俘虏和马匹回到树林的东北角，其他人则留在阵地上。

回去的路上我遇到了团长哈斯上校，向他报告了我们追击敌人的情况。但是他对这次战斗很不满意，他觉得我们射击的对象不是法国人，而是第123步兵团的部队，就算我们押来了俘虏和马匹也不能让他打消疑虑。

第二节　在树林里战斗

团部命令3营在德福依树林南侧边缘建立防御阵地，2营驻扎在3营左侧，

1营在德福依树林北边建立预备阵地，团指挥所就安排在他们左侧，这样的安排会将战线拉长。

我们2营的防御阵地是一道贫瘠的山脊，整个都暴露在法军的炮火下，如果可以选择，我们宁愿和3营交换阵地。

最近的战斗教给了我们一个道理："战壕挖得深，命才保得住。"壕沟的深度至少要达到5.5英尺①。防御阵地安排好后，三名年轻的中尉连长都意识到了这一点。所有的工事都得在深夜前完成，我们才能有几个小时的休息时间。天亮后，我们还得继续修工事。

整个营部都在尽全力构筑工事。营长、副官和4名通信兵在位于战线右翼8连正后方的营部，这个地方没有那么危险，他们几个还给自己挖了长达20英尺的战壕。

倒霉的是，我们所在阵地的地面像花岗岩一样硬，铁锹根本挖不动，必须用十字镐才行。可是十字镐一共没有几把，高强度劳动耗费的体力也非常大，所以我们的挖掘进度非常慢。

士兵们从早上五点一直到晚上十点都没吃过东西，营长命令我到普雷兹把厨房车带过来。几乎在午夜时分，我带回了热乎乎的饭和信件。这是我们开始打仗后第一次收到信。

几个小时后，散兵坑的深度到了大概18英寸②，但肯定还是没法抵御敌人的炮击，所以在日出前我们还有很多工作要做。士兵们在连续的高强度工作下都已经疲惫不堪，按理说应该先吃饱饭，然后再好好休息休息。

战地厨房给大家做了饭，我把信件发下去。士兵们在狭窄的战壕中就着昏暗的灯光反复读着几周前从家里寄来的信。虽然我们参战不过几周的时

① 1英尺等于0.3048米。
② 1英寸等于2.54厘米。

间，但好像过了几年那么长，这些信件仿佛来自另一个世界。

吃饱后，我们继续工作。到了早上，战壕的深度终于到了40英寸左右，我们可以稍事休息了。9月初的早晨非常凉爽，极度的疲惫让我们顾不得手上的水泡和又硬又凉的石头，倒头就睡。

短暂的休息过后，我们又开始忙起来。第49野战炮兵团的一个连队正从前线撤下来，要转移到一个半隐蔽的阵地，就在2营和3营的中间位置。而这部分阵地还需要完善。

9月8日凌晨时分，我们用望远镜可以看到敌人在修建267和297高地上的工事。往德福依东北方向看，我们看到第120步兵团正在部署285高地。

我们在阵地上布置好了一个重机枪排，他们可以对600码外的目标进行射击。5连和8连在最前面，6连和7连作为第二梯队在他们的后面。士兵们干活非常认真，有些地方的战壕甚至有4英尺半深。

早上6点左右，敌军的炮弹落在了我们周围，整个阵地都充满了巨大的爆炸声和弹片飞过的声音。敌人把大多数炮弹的引信都做成了定时引信，炸弹爆炸的巨大威力让我们防不胜防。另一些炸弹被设成触发引信，落到地上才爆炸。我们只能藏在战壕中，但是这种临时挖的战壕很难确保我们在这么猛烈的攻击下生存下来。

这种高强度的炮击持续了好几个小时，其间甚至有一颗炮弹落在了我们前方的斜坡上，又滑到了战壕里，把我们吓得半死，幸好最后发现这是颗哑弹。所有人都在不停地挖战壕，士兵们用上了一切能用上的东西——十字镐、铁锹、铁锨、刺刀、饭盒，甚至还有双手。炮弹在身边爆炸时，士兵们就惊慌地将身体蜷缩在战壕中。

大概到了中午，敌人的炮火声才逐渐稀疏，我们才有机会统计伤亡情况。幸运的是，我方的伤亡率比之前预计的少2%—3%。我们仍然掌握着阵地，敌人的步兵也就没法借机进攻。很快，敌人再次加大了炮击的强度。他们不仅轰击树林南部，这次把5连和8连的阵地也包括在内了。我方炮兵弹药非常匮乏，几乎一整天都没有反击。

炮击又持续了一下午。我们趁此机会将战壕的深度挖到了7英尺。还有一些士兵甚至还在战壕前面挖了条散兵坑，这样可以避免定时引信炮弹的伤害，而且头顶有了20英寸硬土的保护，触发引信炮弹对我们的杀伤力也会大幅度减小。

傍晚时，敌人对我们的攻击可以说到了丧心病狂的程度，所有的武器都派上了用场。他们大、中口径火炮产生的黑色烟雾飘过来，将我们的阵地遮得什么也看不清，山坡被炸得坑坑洼洼，泥土和石块同时在天上飞。他们应该是在给自己的步兵做掩护吧，但我没有什么好怕的，等了一天，我们早就手痒想要收拾他们了。

敌人炮火的猛烈攻击来势凶猛，去势迅速，但是步兵并没有趁机冲过来。我们从战壕里爬出来，发现伤亡非常小，整个营才16个人。虽然战士们对敌人的炮火有些后怕，但是仍然斗志满满，而且被攻击的这段时间我们也没有闲着，工事进一步筑牢让我们倍感欣慰。

傍晚，右翼的第49炮兵团配置给我们两门炮，但炮兵们不是阵亡就是重伤，机枪排受伤情况非常严重，没法再继续战斗了。3营看起来也一样损失惨重，他们的阵地在茂密的灌木丛中，这对他们修建工事有很大的阻碍。除了敌人炮弹的直接打击，大量被炸断的树木也砸伤了很多士兵。

我前往团指挥部接受命令，顺便拿些食物回来。哈斯上校非常担心3营的伤亡情况，不得已之下，只好让他们撤退。也就是说2营要在失去左右支援的情况下坚守在德福依树林的东边山头。

哈斯上校最后对我说，第124步兵团誓要与阵地共存亡。我回到营里传达了哈斯上校的命令，我们立刻开始重新部署，所有的部队都开始加固战壕了。厨房车在午夜时分到达，又带来了家信。和前一天一样，战士们又在冰冷的石头上凑合休息了几个小时。第二天，敌人攻击的时间几乎和前一天一样。但是我们都藏在了深深的战壕中，对敌人的大炮并没有过分恐惧。

虽然大炮常常将电话线炸断，但我们一直都和团部保持着联系。那天我在5连待了很久，又和7连的班特勒中士一起侦察了敌人阵地。结果我们发现法军根本就没有注意隐蔽，直接暴露在开阔的阵地上。我立刻做了一份带有简略地图的报告，让营部提交给团部，请求派炮兵联络员到2营的阵地上来，我们一起制订对付敌军的计划。

第120步兵团左翼的600码外有一段铁道，铁道对面就是敌军。他们的预备队在沃克斯·马里车站西半英里处待命。如果我们把机枪排布置到阵地左侧的小山丘上，应该可以卓有成效地打击敌人。

我和机枪排的排长详细叙述了这份计划，但是他却拒绝执行。我只能越级接管了机枪排，必须速战速决，才能躲避法军炮兵的反击。

几分钟后，我们对敌人的预备队进行了攻击。由于对方对我们的这次攻击始料未及，所以我们成功地给对方造成了一些伤亡。任务完成后，我们立刻撤到了隐蔽处。

虽然机枪排没有伤亡，但排长还是向团长申诉了我的越权行为。团长听了我的解释后，觉得行动合理，也就没有追究我的责任。

炮兵联络官多次来到我们的阵地。我们向他详细描述了敌军炮兵的位置，但是我们的炮弹供应太过匮乏，没法对敌人进行反击。虽然如此，在我军炮兵连的努力下，还是使得对方的炮兵转移了阵地。

当天晚上还和前一天晚上一样，敌人的炮兵对着我军炮兵一阵猛攻，之后便没了动静。我们猜测，他们应该是像之前数次做的一样，又趁着天黑悄悄转移了。

为了防御炮击，我们还是继续加固战壕，派出了几个小组出去砍树。我们的伤亡率比之前还低。战地厨房车在晚上10点左右到达，7连的罗滕豪斯勒士官长还弄了一瓶葡萄酒和几捆麦秆。快到12点时，我在离营部不远的地方躺下，枕着麦秆睡着了。

第三节　突袭敌人阵地

1914年9月9日晚上，就在我躺在麦秆上睡得正香时，却突然惊醒了。战斗突然在我们正前方和左侧的高地打响。我整个人都被大雨浇透了。左边的信号灯不停地闪，步枪发出嘈杂的声音。通信兵告诉我营长被叫到团部去了。

战斗的枪声越来越近，我想应该是法军发动了夜袭。为了弄清状况，我带一名通信兵往战斗地点走去。我突然发现前面有法国兵的身影，距离我们还有五六十码，正在以双人队形前进。他们可能是从第124和120步兵团中间的结合地带过来的，想攻击2营的后方和侧翼。

随着敌人越来越近，我还在想该怎么办。千钧一发之际，我果断地跑向右翼，请求6连连长兰巴尔迪上尉给我一个排的兵力，我准备带着这一个排的人去迎敌。我让士兵们打开枪的保险，随时准备作战。但是当时我没法准确判断对方的身份，为了防止自相残杀的事件发生，我在距离50码的时候问对方口令，结果发现他们竟然是7连的人。

年轻的中尉连长正带着士兵从阵地的左后侧转移，走了0.25英里后，正好到了全营的正后方。他向我解释说马上会有战斗，他们连虽然是二线部队，但他还是想提前做好进攻准备。我对他的擅自行动非常不满，把他教训了一顿。但是一想到差点儿对战友们开火，我不禁非常后怕。

营长回来后带来了夜袭的命令，我们营作为第一梯队要拿下位于朗贝尔库尔北面500码处的287高地，和右翼的第123步兵团和第120步兵团一起展开进攻。虽然还没有定下准确的进攻时间，但是全营还是做好了战斗准备。

团部认为我们不会受到法军炮兵的攻击，因为他们离我们比较近，炮兵会来不及做出调整，但团部忽略了朗贝尔库尔周围山上的炮兵。

漆黑的夜晚伴随着倾泻而下的滂沱大雨，全营都在主阵地的左侧做好了战斗准备。士兵们都将刺刀上好了，也打开了保险栓，我们的口号是："不成功便成仁。"左翼一直有步兵的枪声，火光时隐时现。

1营已经上了战场，团长要亲自指挥2营作战。但是我们对敌人的部署情况并不了解，只知道他们驻守在铁路沿线、南侧山口和索麦斯纳-朗贝尔库尔公路沿线。我方的士兵们全身都湿透了，冻得直发抖，他们早就想发起进攻。凌晨3点时，我们一接到命令就立刻开始了进攻。

我们营冲向了铁路沿线的敌人，成功击退了他们，占领了索麦斯纳-朗贝尔库尔公路沿线的隘口，接着向287高地发起进攻。敌人在我们的刺刀下溃不成军，其他部队也只是遇到了零星的抵抗。在4个连的紧密配合下，我们拿下了287高地。

左右两侧的友军没能和我们保持同步，所以我们只有自己抽调兵力守护队伍的两翼，形成一道向后弯的弧形防线，确保两翼和后方的安全。一打起仗来，谁也顾不上部队的编制问题了，重新调整花费了我们很多时间。

天慢慢亮了，雨也渐渐停了。为了防御敌人即将发起的炮击，我们拼命地挖战壕。拜雨水所赐，地上泥泞不堪，修筑工事非常困难，铁锹上的泥巴很难清理。

在清晨的阳光下，朗贝尔库尔周围的景象逐渐显露了出来。敌人从高处俯瞰着我们的阵地，我方的前沿阵地突然发出警报，大批敌军出现在朗贝尔库尔北面的洼地中。

当时我和6连的兰巴尔迪上尉在一起。敌军密密麻麻地从西北方向朝朗贝尔库尔前进。6连和7连先和敌人相遇，两拨人打得不可开交。有些敌人想在朗贝尔库尔的街道上寻找斜坡作为掩护，但大多数法军都在拼命反击。

我们的士兵看到敌军非常兴奋，干脆激动地站起来射击。大约15分钟过后，敌人的火力渐渐减小，朗贝尔库尔北侧的入口处有大量的法军或死或伤，我方的伤亡很大，主要是因为大家杀红了眼，忘了掩护。今天早上的伤亡程度竟然比昨晚的夜袭还要多。

我们有点儿后悔没有得到上级的许可就对朗贝尔库尔和其附近的高地发起进攻的行为。但是战斗了一夜之后，战士们的情绪仍然很高涨。我们渴望与敌人进行肉搏，因为根据之前敌人们在战争中的表现来看，他们的战斗技能比我们差得太多了。

战斗慢慢停下来之后，士兵们又开始修工事了。但是我们挖了还不到1英尺时，敌人再次对我们进行炮击，目的应该是不让我们在开阔地带修工事。

在攻占287高地和朗贝尔库尔北部入口的战斗中，我们一秒钟都没有休息。所以我们根本就没有时间挖掩体。现在，距离我们1100码的一支炮兵连在朗贝尔库尔西面的山上朝我方进行炮击。幸运的是，泥泞的土地起到了保护的作用，很多炮弹砸到泥地中都没有爆炸。

我们躲在刚挖的战壕中，上面铺了很多树枝做伪装，希望可以不被对方的观察哨发现。猛烈的炮火把战场炸得乱七八糟，我们的战壕也变成了一条条小河。因为稀泥土总是粘在铁锹上，躲在战壕中的我们根本没法继续修工事。士兵们全身上下都裹了一层又湿又冷的泥巴，冻得瑟瑟发抖。这样的环境下，我的胃又疼得厉害。

因为我们两翼的部队停止进攻了，所以我们2营成了整条战线的尖兵。10点左右，第49野战炮兵团的一个榴弹炮连提出要帮我们进行火力压制，结果因为对方的火力占据绝对优势，所以感觉到我们在挑衅的法军反而对我们进行了更加猛烈的攻击。幸好法军步兵没怎么露面，省去了我们很多麻烦。

时间像是停止了，如果几个月前有人告诉我们会在这样痛苦的环境下煎熬，所有人肯定都会嘲笑他。但是现在，为了摆脱困境，我们已经使出了全部的力气。我想，我们要主动进攻。

那天，法军朝我们扔了一天的炮弹。后来我们清楚地看到他们把大炮拉到后方去了。敌人肯定是想尽可能地保护炮兵的安全，防止我方夜袭。

9月10日，我军损失惨重，有4名军官、40名士兵阵亡，4名军官、160名士兵负伤，8人失踪。

夜袭后，我们把敌军在凡尔登的要塞全部围住了，唯一一条通过默兹河谷和凡尔登连通的铁路也掌握在我军手里，只有在凡尔登南部，敌军还固守着一条长达9英里的狭长地带，将驻扎在特洛永堡东边的我军第10师和从西边进攻的第13、第14军团的几个师分开了。

天黑后，我们再次着手修工事。午夜时分，厨房车才来，细心的汉勒给我带来了干净的衣服和一条毛毯。胃疼使得我几乎咽不下东西，但是只要还能站起来，我就绝不会告病离开。换上干净的衣服后，我昏昏沉沉地睡了几个小时，不停地做噩梦。天刚一亮，我们又开始着手修建工事。

9月11日，敌军还是一如既往地对我们进行炮击，但那时的我们已经挖好了战壕，所以损失很小。不过连绵不断的降雨让我们躲在战壕中的日子非常难熬。午夜，战地厨房车如期而至。

第四节　无缘无故地撤退

9月12日凌晨两点，我向团长哈斯上校汇报工作，哈斯上校在用门板和木头搭成的简易团部里给我下达了一个新的命令：全团在天亮前撤离阵地，向后转移到特维安库；2营断后，留下两个连的兵力驻守在索麦斯纳南侧1100码的高地上，11点再与大部队会合。

能离开这个地方，我们都很开心，但是想不通为什么要撤离——很显然不是因为敌人给我方战线造成的压力。我军后方20英里处的凡尔登要塞早就被我们切断了，导致眼前的敌人无法和其他部队取得联系，此次撤退无疑是放虎归山，太可惜了！但是上级做这样的决定一定有其理由，也许其他战场更需要我们的帮助。

天亮前，2营终于摆脱敌人，开始转移。但是疲惫不堪的身体和衣服上的泥块让撤退过程变得异常艰难。我们在朗贝尔库尔北侧1.25英里的山上留下了两个连队负责断后。清晨，法军对着我们空无一人的阵地一通猛轰，这让大家笑得前仰后合。对手遭到戏弄让我们非常开心，之前的疲惫不堪也减轻了不少。

我们在普雷兹西的树林里集合，再进入特维安库据点。乌利希上尉带我去察看周围环境。大雨再次降临，幸好我们这回骑着马，不会再弄得满身都是泥了。5连和7连担任前哨，其他部队在特维安库做预备队。

检查完前哨据点后，下午，我回到营部好好睡了一觉。结果这觉睡得太沉了，营长来叫我，我都没醒，他本来是想让我写一份完整的报告的。9月13日，营长特地因为这事训了我一顿，但我当时睡得实在太沉了，完全不记得这回事。

9月13日早上6点，我们向团部进发。穿过布莱斯奥克斯后，前往阿戈讷。我们终于迎来了久违的太阳，过去几天连续的阴雨让路面泥泞难行，沉重的补给车队把路面轧得坑坑洼洼，很多车都陷在泥里出不来了，就这样堵在了阿戈讷入口一英里附近的布莱斯奥克斯。我们调了两倍的人手去推车。幸亏敌人这时候没有追过来或用大炮打我们，否则后果不堪设想。

路面状况让部队耽误了3个小时。我们一直跟在炮兵车队后面，只要车队陷进泥里我们就要过去帮忙，把大家累死了。一路上就这样边推车边走，到达雷伊莱特时天早就黑了。士兵们在那吃了点儿东西，稍微休息了一下，就继续向北往阿戈讷走了。

12个小时不间断的行走和糟糕的路面状况让大家都疲惫不堪，但是目的地离我们还是那么远，我们仍然要彻夜不分地往前走。每次停下来休息的时候，总有一些士兵会倒头就睡。再前进时，我们又得挨个把大家叫醒。我们就这样走走停停，我也有好几次因为打瞌睡而从马上摔下来。

凌晨时分，我们终于到了瓦雷纳。那儿的市政厅燃起了大火，那场景既可怕又美丽。上级命令我骑马到蒙特布兰维尔给部队找落脚点。但那里除了几张破床外，连能当床垫的稻草都没有。

9月14日早上6点半，士兵们累得连话都说不出来了，步履沉重地走在阴暗的街道上。我们只用了几分钟就将各营的营地分配好了，之后的蒙特布兰维尔又变得一点儿声音都没有了。因为所有人都陷入了沉睡状态，根本顾不上床硬不硬。

也是在这天，萨兹曼少校接管了2营。下午，我们到了艾格里斯方丹，在那儿找到了一些又破又脏又乱的住处。外面又下起了倾盆大雨，营部的人们都挤在一个全是跳蚤的屋里，但好歹比露宿街头强点儿。胃疼又折磨了我一整天，有时甚至疼得我失去了知觉。

接下来的几天，法军轰击了我们身后所有的村庄，也包括我们现在所在的艾格里斯方丹，我们在这座小城附近挖了战壕。9月18日开始，我们在索美朗斯休整了几天。我幸运地分到了一间有床的屋子，我那可怜的胃终于也可以休息一下了。当然，我也可以奢侈地洗个澡、刮刮胡子、换一下内衣。

9月19号凌晨4点，2营接到命令要去费勒维尔任军团预备队。但我们只是在雨里傻站了3个小时，又有命令让我们返回原地了。9月20号，我们好好休息了一下。

第五节　博松树林

9月21日，部队接到任务，要去支援在蒙特布兰维尔西1英里处的第125步兵团的一个营，于是我们紧急集合，向阿普雷蒙进发。新阵地糟糕透了，面对敌人的斜坡，所有的行动都暴露在敌人眼中，壕沟非常潮湿，敌人的枪炮给我们造成了大面积的伤亡。只有晚上才能联系后方。

黑暗的夜晚，松软的泥土，倾盆大雨，接应小组将我们带到了田野后的目的地，在午夜完成了支援任务。我们接管的防御地段全是很多积水的战壕。之前驻守这里的士兵正在后面不远处的帐篷里裹着大衣休息。据他们说，敌人就在前面几百码的地方。

我们很快就适应了这里的情况。战士们用饭盒把战壕里的水舀出来，再着手修缮战壕。自从德福依树林的战斗之后，我们每个人都意识到了战壕的重要性。在松软的土地上挖战壕还是很容易的，我们很快就将战壕挖得又深又好。2营终于可以安稳地等着明天的到来了。

9月22日，我们终于见到了阳光。虽然我们和敌人的距离只有五六百码，但是今天早上，谁也没有先发动攻击。我们面前的蒙特布兰维尔-塞尔翁的公路上没有敌人的踪迹，他们只占领了左侧公路旁的一小片树林。

虽然距离近，但我们在战壕中是可以随意移动的，不需要担心被敌人反击。于是靠近阵地的梅子树上的梅子几乎被战士们全都摘干净了。9点左右，敌人开始用炮向我们进行攻击。多亏了我们昨天挖的战壕，我方伤亡很小。

炮轰了半个小时就停止了，接下来的几个小时，敌人只是偶尔开火来骚扰我们。我们到中午都没有看到敌人的步兵，于是就派出了一个侦察小分队去刺探右侧敌人的阵地和兵力部署情况。

侦察小分队走到距离树林边缘50码处时遭到了敌人的袭击，只能暂时将重伤员留在原地后撤退。我们立即开火掩护，停火后，几个法国士兵和紧急救援队靠近了我们在前线的伤员。

看似好像是要对我们的伤员进行救助，但是这些人在靠近后竟然向这些无力反击的伤员痛下杀手。这种惨无人道的行为激起了我们的怒火，当即向他们开枪还击，可是想要将那些受了重伤的战友救回来，只有直接向树林发起攻击才行。

下午的时候，战地厨房到了我们后方800码的一处洼地。尽管敌人不断地骚扰我们，但炊事员还是冒着风险把热乎乎的饭菜送到了我们眼前。

下午3点左右，我去团指挥所接受命令，指挥所就设在蒙特布兰维尔西北方向1英里附近的180高地。我从上级那儿了解了情况，接收了指示。蒙特布兰维尔–塞尔翁公路就在博松树林后方，敌人现在正在那儿部署工事呢。我们右侧的51旅对敌人发动的几次进攻都以失败告终。在阿戈讷东侧和我军左翼，第122步兵团1营和第124步兵团1营正通过蒙特布兰维尔向城南1100码的敌人所在山头发起进攻，他们的进攻还比较顺利。

傍晚，2营按照命令向蒙特布兰维尔–塞尔翁公路附近树林里的敌人进行攻击，将他们赶到西侧。虽然过程有些小坎坷，但我们的任务完成得还是很漂亮的。

回到阵地的路上，我一直在勘察地形，企图找出一种最有效的进攻方式。从我们现在的阵地直接冲向蒙特布兰维尔–塞尔翁公路进行攻击的效果并不理想，因为这样不仅达不到出其不意的效果，还容易受到树林中敌军的侧翼攻击，这样一来，我们还没有靠近公路就会受到重击。最重要的是，顺着这条线路，我们根本到不了敌人的侧翼。

向营部传达了命令后，我向营长提出了一些建议：首先，我们撤出蒙特布兰维尔西侧1英里处的阵地，然后，在这片山头北侧有掩体的斜坡上重新整队。接着，以纵深队形向当下阵地的右翼前进，拿下蒙特布兰维尔西边700码附近的小树林。

第二章 树林阻击

我方炮兵不久前刚对这片小树林进行过轰击，从一些迹象观察分析，敌人应该已经放弃了那里。而且，从实际地形来考虑，敌人应该不会注意到我们的行动。

一旦进入树林，我们营就部署在西边，等待机会从公路南部向阿戈讷东部边缘的敌人发起进攻。这样的线路更加有机会有效地打击敌人沿着蒙特布兰维尔-塞尔翁公路建立的阵地。如果我们够快，黄昏时分就可以发动进攻了。

营部采纳了我的提议。采取一次一个人的转移方式，战士们挨个撤出了南部山坡。除了少数几个士兵被敌人的步枪击中外，整个营很快完成了向北面山坡的转移。毫无察觉的敌人现在还在对着空无一人的阵地开火呢。我们采用多路纵队的行进方式向蒙特布兰维尔西700码的小树林行进。法国人完全没有注意到我们离开。

到达小树林后，我们在树林北边发现了一条步兵战壕，里面都是被丢下的背包、水壶和步枪之类的装备。看样子，之前驻守在这里的法军应该是在我军的炮轰下匆忙放弃了阵地。我们在西面做好了部署，准备向树林西侧的敌人发起进攻。在进攻前，我们一次也没有受到来自那个方向的攻击，看来他们仍旧完全没有注意到我们的行动。

这次攻击的目标是0.25英里外的山坡。有一条在公路南侧600码的小路非常隐蔽，很适合从这里向敌人发起突袭。第5连在离树林边缘100码左右的地方待命，7连和8连也在公路附近做好了攻击的准备，6连充当营里的预备队，其余人都和5连一起主攻。命令已经全部传达到位。整个部队向左构成梯形战队。

天色越来越暗，萨兹曼少校终于发出了攻击的信号。我们偷偷接近敌人，5连已经推进到了树林的边缘。7连和8连距离树林大概还有300码。即使到了这种时候，敌人都没有发现我们的踪迹，他们的注意力还放在我们之前的阵地上。

5连继续前进，营里的其他部队也跟了上去。只有7连在前进的过程中突然遇到了敌人，双方在100码左右的距离交了火。5连和营部人员向右侧移动，8连和7连向左侧展开，整个部队向敌人发起了总攻。

敌人在前线修的工事一点儿用都没有。我们的突然袭击让他们乱了阵脚，很快就四散奔逃了。那些没有被我们打死的敌人都开始向西逃去。这次，我们终于让他们为自己残忍的杀戮行为付出了代价。直到深夜，这次战斗才接近尾声。我们俘虏了50个敌人，缴获了10辆炮兵弹药车、几挺机枪，还有一顿法式晚餐。我方则有4人阵亡，11人受伤。

我们的攻击吓破了法军的胆，整个法军防线的士气受到了影响，他们仓促放弃了原本非常坚固的战略工事。当天晚上，第51旅在蒙特布兰维尔–塞尔翁公路和罗马公路的交叉口俘虏了大量的法国逃兵。

那天晚上，我们营就在野外露营。我们在寒冷的9月夜晚连一点儿稻草都没有，在潮湿的地面上冻得直发抖，只有一件大衣帮我们御寒。但是我们的马好像非常高兴，它们终于可以饱餐一顿法国燕麦了。

9月23日清晨，我陪哈斯上校去罗马公路勘察敌情。后来上级命令2营沿着阿戈讷树林东侧边缘向南移动到雷埃斯康波尔农场。2营没有等我就开始行动了，但是他们没有严格执行命令，而是深入了树林，导致我一时之间找不到队伍。

我沿着树林东部前进，想先到雷埃斯康波尔农场等他们，却发现那里由装备齐全的法军把守着。我找到2营的时候已经是中午了，他们绕过农场，在南面1100码的山上修建了工事。我们刚会合，敌人又开始了炮击。我们很疑惑，法军怎么能这么快就确定我军在树林里的准确位置呢？

又饿又累的士兵们有的直接躺在了树下，有的用法军遗留的树枝等杂物搭建了一个临时掩体，在其中休息。从早上到现在，大家什么东西都没吃，我骑马去找阿普雷蒙附近的厨房车，最后在蒙特布兰维尔北面半英里的地方找到了他们。但是因为他们的马匹没法穿过沼泽，厨房车被困在了雷埃斯康波尔农场东面半英里的地方，士兵们到凌晨才吃上饭。

团部的命令这个时候传达了过来，在凌晨5点要到雷埃斯康波尔农场。所以我们没有多少休息时间了。

第六节　树林战

我们按照命令在凌晨5点时到达了雷埃斯康波尔农场。在一个小农舍里短暂休息了一会儿后，团长命令我们穿过森林，夺取并守住巴黎到瓦雷纳公路和罗马公路的交叉口。

新任务让我们激动不已，我甚至都忘了胃疼那回事，战士们也忘记了身上的疲惫。

2营出发时，太阳正好升了起来，透过晨雾洒下的阳光照得我们更加激情澎湃。我们靠指南针穿过了浓密的灌木丛朝目的地前进。还好我们在战争开始前的培训中都学过指南针定向训练。

我走在部队前面，路上总是遇到不得不绕行的灌木丛。一个小时后，我们到了距离目的地2/3英里的地方。我们继续向南前进，营部人员骑马跟在先头部队后面。

我们在丛林中发现了一间荒废的小屋，有一个重伤的法国士兵躺在里面，他在发抖，不知是因为看见我们的恐惧，还是寒冷。他说自蒙特布兰维尔战役打响的时候他就在这儿了，部队撤退时没有带上他。我们的医务兵给他简单地处理了伤口。

一支骑兵侦察队去往巴黎–瓦雷纳公路查探情况，他们说敌人沿路修好了防御工事，我们要非常小心。5连和6连各派出了一队先头部队开路，分别沿不同的路线向前走。这里高大的树木就几棵，但灌木丛还是一如既往的茂密。我跟着6连一起走，营长和7连、8连留在木屋附近。

前方突然出现了马蹄声，有人来了。这条灌木丛路的最大可视范围不超过80码，所以我们看不到远处的情景，只好先藏在路旁的灌木丛中。等了一会儿，我们才发现那声音原来是来自一群没有主人的战马，它们看到我们停了一下，然后又朝右侧跑开了。

6连顺利到达了公路附近，左侧的5连却和敌人交了火。我立刻骑马回营部报告情况。5连也派了人回来说他们在木屋南侧500码的地方遇到了敌人，需要支援。不久，5连两位受了重伤的军官被抬了回来。敌人的火力很猛，在远处的6连都能听得一清二楚。我们弄不清在树林里乱飞的子弹是不是法军狙击手在偷袭。

萨兹曼少校让8连去往5连的左翼支援，把敌军赶到巴黎–瓦雷纳公路的另一侧。

8连刚走，5连和6连的先头部队就到了木屋附近。他们的任务和我们的一样。萨兹曼少校命令第5山地营在5连和8连的左翼，协助我们将敌人赶到马路对面。

我方的行动持续了45分钟后被迫停了下来，很多受伤士兵说，敌人据点的火力太猛了，有很多机枪。6连连长兰巴尔迪上尉也受了轻伤，他们在阵地东200码的巴黎-瓦雷纳公路附近遇到了敌人的一个连，西面树林中也有他们的人。

我到6连阵地去观察战况，和6连的一个侦察小分队一起到公路南侧侦察，我们在6连阵地东侧60码的地方遇到了敌人。但根据侦察结果，我觉得前面只是敌军的一个装备比较好的前哨据点。

回到营部后，我立刻提议顺着公路两侧向敌人发动进攻，6连直接沿公路推进，7连和第6山地营各自负责公路的一侧。这次行动的目标是消灭对我军侧翼造成威胁的敌人。

在行动之前，我们收到了团部的命令，要求我们消灭瓦雷纳公路的敌人。第5、6山地营会配合我们这次行动。6连的报告上显示，一支敌军正呈密集纵队朝我军方向而来，所以我们更要消灭东侧的敌人。

我们马上做好了战斗准备。第6山地营负责公路南侧，7连负责北侧，留下足够的兵力驻守巴黎公路，然后6连在7连左侧负责掩护。

我们立刻出发。营部人员跟在7连后面。在距离敌人阵地100码左右时，我们遭到了强大火力压制，只能先卧倒。因为灌木丛的遮挡，我们有效的观察距离只有25码左右，根本看不到敌人的位置。

我们藏在灌木丛后对敌人进行反击。各种武器的声音响作一团，通过听声音来辨别敌人方向也不可行了。敌人的火力越来越猛，我们的进攻只能暂时停止。

为了完成进攻任务，萨兹曼少校和我一起到前线察看。我从一位伤员身上拿了步枪和子弹，接过了几个班的指挥权。这片茂密的树林里最多也就能指挥几个班的人了。

我们好几次鼓起勇气向估计中距离应该并不远的敌人发起进攻，但都失败了，他们的火力压制反而越来越厉害。从周围呼叫医护兵的声音来判断，我方的伤亡率在直线上升。

在猛烈的阻击下，我们要不就卧倒在地，要不就藏在大橡树后面，只有在对方的火力间隙才能稍微往前走一点儿。我们的行动异常缓慢，战线迟迟不能推进。从其他方位传来的声音判断，我们其他部队的战友也遇到了和我们差不多的情况。

我们再次朝前方的灌木丛发起攻击，有几个新兵跟在我旁边。敌人疯狂地朝我们开枪。我突然看到前面有5名站着射击的法国士兵，他们就在离我不到20步远的地方。我立刻举起枪，打中了两个背对背站着的法国兵。我现在一个人冲在前面，隐蔽在后面的手下帮不上忙，我只能靠自己。我又开了一枪，却发现子弹打完了。

附近没有掩体，我已经完全暴露，躲不了，因为距离太近也没有时间再重新装弹了。我现在唯一的选择只剩下了用刺刀和他们硬拼。

打仗之前，我常训练刺刀技能，对此掌握得非常娴熟。我一个对付三个还是有信心的。但我冲过去的时候，敌人开枪了。我中了枪，踉跄着倒在了敌人脚下。子弹打穿了我的左大腿，鲜血喷涌出来。敌人只要再打一枪或者给一刀我就必死无疑了，我想我大概要命丧于此了，但他们并没有继续攻击我。

我试着用右手压住伤口，并滚到了一棵橡树附近躲了起来。我就这样躺在了战斗的中心地带。不知道过了多长时间，我军士兵冲出来击退了敌人。

准下士劳赫和二等兵鲁斯曼负责照顾我。他们用武装带代替止血带给我包扎了伤口，随后又用担架把我送到了后方。

我后来从通告中了解到，敌人仓皇逃离了树林，留下了200多个俘虏。我军的伤亡也很惨重，2营就有30人阵亡，其中有两名军官；81人受伤，包括4名军官。根据团部的报告，这是2营在3天内第3次立下了大功。

失去这些英勇的战友真的让我感到很难过。太阳下山时，两名士兵用担架把我送到了蒙特布兰维尔。我因为失血过多晕了过去，所以没感到疼痛。

我醒过来的时候正躺在蒙特布兰维尔的一个粮仓里，汉勒请来了营里的军医施尼策尔，他正在帮我处理伤口。之后我和三名不认识的战友被送上了救护马车，他们疼得忍不住大喊。我们要去战地医院休养，道路被炸得凹凸不平，马车不断的颠簸加剧了疼痛。我们半夜到达医院时，一位战友已经牺牲了。

战地医院里拥挤不堪。裹着毛毯的伤员沿着公路成排躺着，两名医生忙得脚不沾地。他们又检查了一遍我的伤势，把我安排在了一个有稻草的屋子里。

天快亮时，一辆救护马车把我送到了位于斯特奈的后方医院。几天后，上级给我发了一枚二级铁十字勋章。后来我又做了一次手术，大概在十月中旬，军队征用了一辆车，将我送回了家里。

第三章

在阿戈讷的那些事

第一节　夏洛特山谷

我出院的时候已经快到圣诞节了，但是伤口其实还是没有痊愈，走路有些困难。我对休养的日子感到厌烦，所以又申请回到了部队。

1915年1月中旬，我在阿戈讷西部找到了我的部队。从比纳尔维尔到团指挥所，这一路上都是炮弹造成的深坑，可见阿戈讷的形势有多严峻。我接管了群龙无首的9连。团指挥所外面有条用树干铺成的大约半英里长的小路。偶尔会有子弹从树林里飞出来，有时还有炮弹从头上飞过。我常常需要卧倒在满是黏土的壕沟里。最后到连部时，军装上的军功章早就不见了。

9连一共有两百多个士兵，由于长时间的打仗，每个人都胡子拉碴的，他们现在正驻守在一条长440码的防线上。法军"接待委员会"用一连串密集的炮弹欢迎我的加入。

我们的阵地是一排用胸墙加固的战壕。有几条战壕和后方相连，但是没有铁丝网，阵地前面没法设置障碍。地表水还影响了战壕的深度，有些地方只有3英尺，甚至更浅，总之，我们的阵地非常简陋。更糟糕的是容纳8—10个士兵的掩体也很浅，而且顶板突出，就像给敌人准备好的靶子。而且顶板不过是几层细原木，最多也就能挡掉几颗炮弹的碎片。我刚接管连队也就一个小时,就有一颗炮弹击中了其中一个掩体,导致9名士兵重伤。

我当即下达了到9连后的第一个命令,无论什么时候,只要法军向我们开炮,士兵就必须从掩体中撤离,在战壕里寻找合适的掩体。同时,我让士兵们加固掩体顶板,使它至少能够抵挡野战炮火的袭击。这份工作从天黑时开始进行。我还发现阵地旁边的几棵大树增加了我们的危险系数。一旦击中它们,弹片就会直接反弹到我们的战壕中。所以我让士兵们把树砍了。

这几道命令一布置下去,我就找回了以前的自己。对于一个23岁的军官来说,没有什么比指挥连队更好的工作了。要赢得士兵们的信任,指挥官需要有很多素质。比如小心谨慎、与士兵同甘共苦、照顾好他们,除了这些之外,指挥官更要爱惜好自己。这样才能取得士兵的信任,有了信任的基础,他们才会死心塌地地跟随长官,上刀山下油锅也在所不辞。

我们每天的工作任务都很多很重,但是物资非常匮乏,就连木板、钉子、夹板、铁丝网、防水纸这些基本的工具都没有。我和手下的排长只能挤在一个只有4.5英尺高的简易连部里商讨战况,这里除了用一张桌子和一根绳子做成的木床外什么都没有。墙壁是泥土糊的,不时地会从墙里渗出水来,房顶是用两层橡树树干混着一层泥土搭成的,一到下雨天,就会有水流下来。为了不被水冲走,我们每4个小时就得往外舀水。只有晚上我们才会生火,但是现在是寒冷的冬天,其实每时每刻都很冷。

因为前面的灌木丛非常茂密,我们很难看到敌人那边的情况。法国人的情况比我们稍好一些。他们的补给十分充足,不需要砍树取材。他们所处位置的树木也很密集,我军却缺少弹药,几乎没法向他们进行干扰性射击。敌人离我们大约有300码的距离,在山谷的另一侧。他们频繁地向我们挑衅,时不时地就朝我们射击。为了不被弹片伤到,我们只要遭到袭击就要立刻趴在地上。

1915年1月23日到26日，连队撤到离前线150英尺的阵地休整。但是那里的情况不仅没有得到改善，反而更加糟糕，敌人的炮火让我们痛苦不堪，我们的损失和在前沿阵地时没有区别。

连队在那儿的任务是做后勤工作：搬材料，修掩体，修交通壕，用树干铺路。再次接到上前线命令的时候，所有人都高兴极了。从普通士兵到高级军官，每个人的士气都非常高涨，我们不畏任何艰难险阻，只朝着最终的胜利前进。

1914年12月31日的交战中，我们占领了法军的阵地。这时，我们正驻扎在曾经是法军的阵地上。我们搬开障碍物进入战壕，一路上谨小慎微。大概走了40码时，我们碰到了一些阵亡的法国士兵。他们有可能在还没打仗时就牺牲了，双方一直在交火，没有人给他们收尸。

离我们几百码的战壕尽头有一个废弃的医疗站。医疗站在双方前线的最低处，可以容纳20个士兵，周围的防御工事做得很好。敌人这时候像往常一样不停地向我军射击，但是我们出发这么久，却连一个法国兵都没看见。从声音上来判断，敌人的位置应该是在距离这里大概500英尺的山谷那头。所以我决定将这个医疗站重新利用起来，成为我方的战略要点。

改建工作从当天下午就开始了。站在医疗站的位置，我们甚至可以听到山谷那边法军说话的声音。从这里再往前就是茂密的灌木丛了，让侦察兵再往前可不是个明智的举动，没准什么都没打听倒还把命给送了。

第二节　乘胜追击

为了更好地牵制住阿戈讷的敌军，1915年1月29日，上级下令向阿戈讷进行小型牵制性攻击。这个任务分配给了27师。

按照计划，我们先要在侦察到的敌军雷区清理出一条路，然后全团从2营右翼进行强行袭击。这时，炮兵用火力牵制住3营右前方的敌人，再牵制住9连左前方的敌人，第49野战炮兵团的榴弹炮连也会一起完成这个任务。战斗的过程中，10连需要深入敌军，9连需要固守阵地并切断敌人从侧翼逃跑的路线。

1月29日傍晚，天气非常冷，地面都结了冰。战斗开始时，我带着3个步兵班隐藏在新改建的医疗站里，这个位置距离身后的阵地有100码。我军发射的炮弹击中了雷区，泥土、树枝、石子瞬间四处飞溅。爆炸后，我们听到了从右侧传来的手榴弹爆炸和小型武器密集射击的声音。一个法国士兵独自一人向我们的阵地跑过来，但很快就中弹身亡了。

几分钟后，3营的副官过来告诉我们，右翼的攻击一切顺利，他说营长问我们9连愿不愿意加入他们乘胜追击的队伍。这当然是求之不得的！只要能够让我们离开战壕，不再执行这个没完没了的掩护任务，让我们干什么都行。

但是又出现了一个问题，我发现部队没法采用战斗队形从战壕中出去，我们的任何行动都会被树顶上的敌人观察员看到。为了不被发现，我让士兵们从阵地的右侧沿着一条通往前线的交通壕匍匐前进，然后在交通壕尾部的左侧待命。

大约一刻钟，我们连队就在阵地前100码的斜坡上集结完毕了。我们小心翼翼地在光秃秃的灌木丛里往前爬行前进。但是还没有到凹地就被敌人发现了，他们的机枪一起朝我们开火，我们被迫停在原地。这里没有任何遮挡，我们能清楚地听到子弹射入冻土的声音。

头顶的几棵橡树遮住了我和几个士兵。我们没法用望远镜看到敌人的位置。但是我知道，如果再在这个地方耽搁下去，就算是敌人瞎打，我们的伤亡也会非常惨重。

我最大限度地用我的头脑想办法，希望能有一个万全之策，让我们既不需要蒙受太大的损失，又可以带士兵们脱离险境。在这个时候，士兵们的生死都攥在了我手里，让我倍感压力。

我决定冲到前面60码处的凹地中，那儿至少比我们现在的位置更好藏身。这时右侧响起了冲锋号，我们连的号手正好就在我旁边，于是我也让他吹响了冲锋号。

9连的士兵们瞬间全都边呐喊边向前冲过去，丝毫不理会敌人猛烈的攻击。我们越过凹地冲到了法军设置的铁丝网前。敌人们慌忙逃窜，放弃了他们坚守的阵地。灌木丛中，随处可见法国士兵的红裤子和蓝色燕尾服的碎片。

我们没有时间去理会敌人们留下的战利品，仍然对敌人穷追不舍，又闯过了两道牢固的铁丝网。每次我们冲破防线时，法军都早已经逃走了。因为他们没有任何抵抗，所以我们没有任何损失。

我们越过一个高地，树木突然变得稀疏了，一下就看到了在前面跑的敌人，他们乱成一团，我们边追边向他们开火。我让连队中的一部分人留下来消灭掩体中的敌人，剩下的继续追敌人，一直追到了距沙尔姆泉西边600码的树林边缘。这时，我们已经离开阵地向南追了半英里了。

从这里开始，地势变得越来越低，受了惊的敌人跑进低矮的灌木丛里就没了踪影。我们和部队失去了联系，但是能听到各处交火的声音。我集结连队里的其他人，占领了沙尔姆泉西的森林边缘，并试图和大部队取得联系。一个士兵从掩体中找到了一些女人穿的衣服，逗得大家哈哈大笑。

连预备队赶到之后，我将联系大部队的任务交给了他们，而我则带着士兵继续穿过灌木丛，向西南方向追击敌人。我派先头部队担任警戒任务，其他人在后面呈纵队前进。一越过高地，突然有一股强大的火力从左侧向我们袭来，我们慌忙卧倒在地，但却看不到敌人的踪影。为了继续追那些法国人，我们向西转移，绕过敌人的强大火力，穿过树林一路往南走。

第三节　发现敌军"中央"阵地

我们在森林边缘突然看到一道带刺的铁丝网。这是我们第一次见到防护范围这么大的铁丝网。它的纵深有几百码，两侧看不到头。法国士兵们砍光了这里的树，把铁丝网架在一个缓坡上。

我看到二等兵马特和另外两个士兵正在给我打信号。马特是整个连队中年纪最小的志愿兵。如果能占领这块阵地，在后备部队来之前守住它，将会对我们有重要的战略意义。我想从铁丝网中的窄路向下走，但敌人从我们左边开枪，我们不得不趴在地上。

敌人离我们差不多有0.25英里，在这么密集的铁丝网前，他们不可能看到我。但我匍匐前进时，子弹还是在我身边乱飞。我命令连队士兵跟着我单列前进，可前面的排长吓坏了，一动不动。其他士兵好像也被传染了，无论我怎么叫他们都只静静地趴在铁丝网后面。

很显然，三个人肯定守不住这个阵地，必须让全连的士兵都过来。我向西看，发现有条通道可以穿过铁丝网，就匍匐回了连队。我对那个吓坏了的排长说，要么服从我的命令，要么就地枪毙。他选择了服从命令。虽然左侧的敌人还是不断地向我们射击，但我们依旧匍匐着穿过铁丝网，到达了阵地。

为了守住这里，我将连队部署成半圆形，加强工事。这块阵地是法军口中的"中央"地带，展现了他们最新的设计理念。其实它也不过就是法军防御系统中的一部分罢了。

他们的整条防线贯穿整个阿戈讷，每隔60码就有一座碉堡，以此为中心，将大片的铁丝网和机枪火力连接在一起。碉堡被一排胸墙连接起来，高高的胸墙可以使踏台上的火力覆盖射程范围内所有的铁丝网。胸墙和铁丝网之间有一条15英尺宽的深沟，里面注满了水，但现在这个深冬时节，深沟里的水早就冻成了冰。

胸墙后有掩体，它后面11码的地方有条窄路与胸墙平行。而胸墙的高度正好可以掩护窄路上行驶的车辆不被敌人发现。

阵地左侧的敌人不断朝我们射击，而右侧没有敌军。9点左右，我给连长写了份书面报告请求支援和补给。

就在这时，连队想要用镐和鹤嘴锄凿开冰面，我们挖了大概半个小时，左边的警戒哨发现有敌人在距我们600码的地方集结，想要穿过铁丝网撤退。我命令一个排向他们开火。一些敌人慌忙找掩体，另一些则转移到了离我们更远的地方。他们应该是到了胸墙后面的窄路上，因为我们开火后不久，就遭到了来自那个方向的袭击。

尽管我们想要加强工事，但这项工作还是一点儿进展都没有，我只能为连队重新选一个阵地。我发现，我们右侧200码的弯曲地带是在敌人工事中安插桥头堡的最佳位置。我带着连队冲到了这个名叫"拉波代尔"的地方。我们用四周的干树枝搭起了一个临时的防御工事，和右翼的敌人展开枪战，使他们在距离我军300码的地方停了下来。

我命令全连按照半圆形部署4个碉堡，而且在铁丝网和阵地之间的隐蔽处安排了一个50人的排作为预备队。

过了很久，我们还是没有等到上级的支援和补给，于是变得有些焦躁。这时，右侧的警戒哨发现距离我军50码的地方有更多的法军正在穿过铁丝网撤退。负责那边的排长请示我要不要阻击敌人。

我知道我们即将陷入一场恶战，我们决不能让法军毫发无损地离开。但是我们一旦开火，法军肯定会向西逃跑，畅通无阻地返回阵地。他们还有可能会将我们包围，可我还是下令开火。

子弹从胸墙后面射向敌人，法军的抵抗很顽强，果然是一场苦战。和我预计的一样，大约一个营的敌人开始向西转移，在距离我军350码的地方穿越了铁丝网，从西边浩浩荡荡地向我们冲了过来。

我们被包围了，唯一通向营部的路也处在敌人的夹击之下。我们右翼的火力让敌军只能一直趴在地上，但左翼的敌军正在向我们逼近，情况非常危急。我们的子弹快要用完了，预备队的大部分弹药也被拿出来用了。我让手下尽可能地保存弹药。但是左翼的敌人越来越近。

我仍然对于营部的支援怀有一丝希望。时间在这种希望中被拉得很长。

我们和右侧的敌人展开激烈斗争的时候不得已将最后一批手榴弹也扔了出去。大概10点半，法军的突击小队占领了碉堡，并且用机枪和步枪在我们后面猛烈射击。就在这时，营部派来的通信兵隔着铁丝网向我报告：营部已经在北面半英里的地方驻扎并且展开了攻势，我的连队必须马上撤退，营里没法给予任何支援。

就在这时，正在向法军射击的士兵再次要求补充弹药，我们最多只能再撑十分钟。必须做出决定了！我急中生智：先发起进攻，打他个措手不及，再伺机撤退。这是我们唯一的生路。虽然敌人的兵力比我们强很多，但是真要肉搏，他们的步兵未必是我们的对手。如果能打退西侧的敌人，我们就有机会穿过铁丝网，我们唯一担心的是东侧较远处的敌军。速度是关键，我们要趁他们还没回过神来的时候迅速撤离。

我立刻发出攻击的命令。所有人都知道现在已经没有退路了，只有下定决心全力以赴。预备队向右突袭，重新将碉堡夺了回来，敌军的攻势一下就弱下来了，仓皇逃跑，我们最后的机会来了。

我们迅速向东撤离，穿过了铁丝网。东边的敌人向我们射击，但要在300码之外击中我们不是件易事。即便这样，但还是有几名士兵受了伤。当西侧的敌人反应过来，再重新向我们进攻时，我们的大部队已经转移到了铁丝网另一边的安全地带。除了5名重伤员无法带回营地外，其他人都安全回营。

我军占领的3个法军阵地正南面的林木都很茂盛，2营就驻扎在这儿。我们连就在2营西侧。这时的1营却又出现了状况，和我们失去了联系。我们设法通过通信兵找到了1营的右翼。我的连队现在则在距森林边缘几百码的地方忙着挖战壕。不过这冰冻的地面成了我们一大阻碍。

法军的炮兵仍然把注意力集中在我军的旧阵地和大后方。他们可能是因为步兵和炮兵之间的联系出现了问题，所以还没有发现我们的进攻。但敌军及时做了调整。现在正疯狂地报复我们，他们将火力集中在森林边缘，企图干扰我们修筑工事。我将今天早上发生的事情详细地写了一份报告，并附上了一张"中央"阵地和拉波代尔阵地的形势图。

下午,法军准备好充足的弹药后向我们发起了反攻。大批法军士兵越过灌木丛向我们冲过来,他们的军号声和口号声听起来真有股视死如归的劲头,但正好撞上我们的枪口。士兵们有的被击中倒地,有的四处躲藏,还有的顽强反击。到处都有小股法国士兵想要接近我们,但一个成功的都没有。法军损失惨重,到处都是他们的尸体。敌人借着夜色回到森林边缘修筑工事。

我们的战壕只有20英尺,战争一平息,我们就开始修筑工事。刚挖了两下,法军的炮弹就过来了。他们用的是美国设计的榴弹炮,炮弹爆炸,会有锯齿状的弹片乱飞,划破冬季的夜空,它们折断树干就像折断一根火柴一样容易。

我们的阵地掩体很少,敌人不断地向我们开炮,战士们彻夜难眠。我们只能裹着大衣、帐篷和毯子在并不深的战壕里冻得瑟瑟发抖。每当敌人集中向我们附近炮击的时候,我都能听到附近士兵的惨叫声,我们失去了12个战友,这比整个这场攻坚战中牺牲的还多,而且我们一点儿东西都没吃。

快天亮时,敌人的火力才开始减弱,我们开始继续挖深战壕,但留给我们的时间很短。早上8点,炮击又继续了,我们只能停下来等着。敌人很快又发起了步兵攻击,但步兵攻击很快就被我们击退了。敌人反复几次步兵攻击都没能成功。这天下午,我们的战壕终于挖得差不多了,不用再怕敌人的炮击了。但是因为没有交通壕,去不了后方,直到天黑才吃上第一顿饭。

第四节 在"中央"阵地上战斗

新阵地比之前的要稍好一些。起码这里地势高,不会受到地下水的影响。地面也松软了许多。我们在这次进攻中夺取了很多避弹坑和13到20英尺深的掩体，能够有效防御法军的炮弹轰击。我和一名骑兵军官共用一个避弹坑，他和我一样也是连长。我们只能匍匐着和连队联系。白天我们不敢点火，冻得够呛，哪怕是一点烟也会引来法军猛烈的攻击。

在这里，我们实行了一种10天轮班制度：士兵们在前线、预备阵地和补充营之间每10天一轮换。虽然法军的火力一天比一天猛，但是我们的阵地和战壕非常坚固，所以我们的损失很小。当然了，情况还是那么显而易见，法军的弹药充足，而我军的弹药匮乏，我们只能偶尔开几次炮。

1月29日我们连受重伤的那5名士兵被法军俘虏了，听说他们现在恢复得不错。几个星期后，我因为那次战斗被授予了一级铁十字勋章。我是团里第一个获此殊荣的中尉军官。

后面的三个月，我们忙着调整战线。和1月29日的路线相比，右翼第120步兵团的阵地向前推进了一点儿。左翼第123榴弹兵团向"中央"阵地东侧的西默蒂埃靠近了一些。我们修的坑道一点点延伸，最终连在了一起。我们就这样离前线的法军越来越近，甚至到了主阵地前面的铁丝网那里。

敌军还是持续不断地向我们发射炮弹，加上迫击炮的轰炸，我们的工事进展得并不顺利，开战以来，敌军还是第一次用到迫击炮，击中了战壕中的不少士兵。迫击炮还不时会攻击我方的交通壕、后方通道、指挥所和补给点。

我们连队终于熬到了休整的日子，到了后方营地，大家终于可以松口气了。但是这时，我们却经常需要亲手埋葬死去的战友。前方的补给越来越少，伤亡的士兵却越来越多，树林里突然多出了很多座坟墓。

5月初，法军开始用中小口径的迫击炮攻击我军位于"中央"阵地的前沿地段。

第三章 在阿戈讷的那些事

阿戈讷的老兵对迫击炮太熟悉了，尽管它的声音比之前的炮声都要小，但我们一听到也要立刻从熟睡中起身跑出掩体。白天，我们看到炮弹从空中飞过来的时候再去寻找掩体就来得及。晚上我们尽量在炸弹够不到的地方睡觉。这样即便敌人又开始炮轰，我们也不用突然从梦中惊醒再慌忙寻找掩体了。

虽然每天都有伤亡，战争形势也很复杂，但我们的士气还是很高，大家都临危不乱、按部就班地完成自己该做的事情。我们甚至觉得自己已经和阿戈讷这个沾满鲜血的角落融为一体了。虽然以为自己已经适应了这个环境，但是这其中最难的还是要和牺牲或者重伤的战友告别。

我永远也忘不了那个腿被迫击炮炸飞的士兵，我们将他放到血淋淋的帐篷上，几个人顺着我们前面狭窄的战壕把他抬了出去。看到这样一个年轻的生命就这样在我们的眼前一点点消逝，我不知道该怎样形容心里的感受，只能握着他的手，想要给他一点儿安慰。他却说："中尉，我还好。就算我得装假肢，我也会尽快回来的。"这个勇敢的年轻人在送往医院的路上牺牲了。他的责任感就是我们连队的精神象征。

5月初，我们收到了一批坑木，我们用它们在战壕前修了可供两名士兵使用的掩体。换岗的士兵终于有地方待了。我们的前线离法军阵地很近，他们向我们开的炮也有可能伤到他们自己。所以敌军的火力转向了我们后方，重点打击我们的供应线、预备队、指挥所和营房。上级在这时候让一个没有任何作战经验的高级中尉接管我的9连，让我接管另一个连，但我拒绝了，我要和我一起出生入死的兄弟在一起。

5月中旬的时候，有10天时间，9连被归入了第67步兵团，驻扎在123榴弹兵团西面阿戈讷中部的巴加泰勒附近。这支部队经历过许多大大小小的战斗之后，战斗力已经有所下降了，一种全新的战壕战成为这里的主要战斗形式，阵地上遮挡炮弹的掩体失去了意义。

整个战斗都是在手榴弹投掷距离内展开的，战士们藏在浅浅的战壕里或者躲在沙袋堆后面向敌人发起进攻。法军的炮火几乎把阿戈讷给炸平了，几乎看不出这里曾经是一片茂盛的树林，周围几英里只有残缺的树干还立在荒芜的土地上。

正面阵地又爆发了激烈的手榴弹战，那时我手下的军官正在进行侦察，幸好这次战斗的时间不长。但是战斗结束的时候，我们还是伤亡惨重。之后的战斗也是差不多的情形。不过我们终于迎来了一个喘息的机会。

和以前一样，我们这期间抓紧时间加深战壕、修筑掩体。法军的炮兵和迫击炮突然向我们开火，火力凶猛。很多法国士兵的尸体还躺在我们面前，敌人的火力太过凶猛，我们没法过去给他们收尸。

夜晚的士兵们更加兴奋。手榴弹战在广阔的战线上可以持续几个小时。我们有时甚至都会感到困惑，敌人是不是冲破了我们的防线或者直接绕到我们的后面去了。法军的炮兵也会掺和进这场混乱的斗争。这样的情形每晚都会上演，让我们的精神高度紧张。

我接手的指挥所在我们连的左后方，和战壕底部平行，大概在地下6英尺的战壕前壁上有一个只能容纳一个人上下的狭窄台阶。再往下6英尺是一个棺材大小的水平隧道，这里的墙壁上掏了洞，放着粮食和其他东西，还用软木铺了地板，但是墙壁和天花板都只靠着黏土支撑。

如果洞口附近被炸塌了，人肯定会被活埋在这里面。只要有炸弹在附近爆炸，我就会立刻出来和其他人在一起。这样总比被手榴弹轰炸要好得多。

不知不觉进入了炎热的季节后。一天，一个名叫恩赛因·莫瑞克的士兵过来找我。我那时正好在指挥所里，那指挥所小到只能容纳一个人，所以我们只能隔着台阶喊话。我们讨论了苍蝇的问题，他随手拿起一把镐挖了一下，一名法国士兵腐烂的黑色手臂就露了出来。我们撒了些石灰粉，把尸体埋好，希望他能够安息。

好不容易熬过了10天，我终于回到了团部，但紧接着又被派往了前线。我发现敌人想尽一切办法不让我们过安生日子，他们又加大了炮兵的火力，甚至还用上了地雷。敌人的警戒哨离我们最近的地方只有几码距离，那里的坑道由铁丝网严密防护。每到晚上，手榴弹爆炸的声音就此起彼伏，我们每时每刻都要保持高度警戒。我们双方都想破坏对方的战壕和阵地，爆炸声从没间断。

一天，法军成功切断了我军的一条坑道，10名士兵被困在了里面。因为其中有几个完全被埋在了土里，所以我们一方面激烈地和法军战斗，另一方面还要努力往下挖，最后花了几个小时才把他们救出来。

我们曾经几次尝试攻下附近的法军哨所，但是全都失败了，而且损失惨重。法军的哨所和相连的战壕都被带刺的铁丝网围住了。哪怕只有一点儿风吹草动，都会引来碉堡内法军的一顿扫射。这种情形让我们很生气，我们决定猛攻"中央"阵地以扭转这种不利的局势。

第五节　攻占敌军阵地

我们计划先用大炮和迫击炮轰炸敌军三个半小时，再夺取拉波代尔、"中央"、西默蒂埃和巴加泰勒等坚固的阵地。自从1914年10月以来，这些阵地就被法军占领了。连续几个星期，我们都在为这次进攻做准备。

中、重型迫击炮部署在了紧邻前线的防弹阵地上。预备队日夜不停地通过狭窄的交通壕向前线输送补给、迫击炮和弹药。法军加大了炮击力度，想要扰乱我们的进攻，并击中了我们的运输队。

快到6月底时，9连在稍事休息后又被派往了前线。我们发现，比纳尔维尔周边居然部署了数量庞大的大、中口径的火炮，而且弹药充足。这次，大家都以饱满的精神状态参加了战斗。

团里制订了详细的作战计划。备战阶段，我们9连在距离"中央"阵地2/3英里的北边担任预备队。进攻开始时，我们要紧跟突击队，给他们提供手榴弹、弹药和挖掘工具。

6月20日5点15分，进攻开始了，210毫米和305毫米的大炮一起发射，场面非常震撼。每次炮弹落地时，泥土就像喷泉一样向空中飞溅，我们面前瞬间出现了一个个弹坑。炮火将法军坚固的工事炸得粉碎，士兵、木头、树根、铁丝网、沙袋都在天上飞。不知道法军对这一幕是怎么想的，但我们还是第一次见到这么猛烈的炮火。

进攻前的1个小时，我们就已经用中、重型迫击炮向敌人的碉堡、铁丝网和胸墙开了火。法军加大了火力，想要瓦解我们的攻势，但没有什么效果。我们前线的士兵少，离对方近，法军的炮弹只是在我们后方很远的地方爆炸，除了溅起些泥土，什么伤害都没有造成。

一颗炮弹在我前面大约100码的地方爆炸，击中了一名1月份战死的法军士兵，他被抛到了树上。我不断地看表计算着时间，还有15分钟。

8点45分，我们的攻击部队终于推进了战线。法军的子弹疯狂地向我们袭来，但是我们没有丝毫畏惧，跳过弹坑和障碍，直冲敌军阵地。敌人从右侧向我们射击，几个人倒下了，但大部队还是在继续冲锋，然后随时在周围寻找掩护，9连紧跟其后。

右侧的法军这时还在不停地朝我们射击。我们顶着敌人的子弹前进，爬上了1月29日曾经占领过的阵地。这里的环境很糟糕，到处都是死伤的法国士兵，他们身上压着木头的碎片，甚至还有连根拔起的大树，很多士兵都是被砸死的。

我们右边和前面的手榴弹战仍然在继续。法军机枪从我们后面向我们扫射，我们不得不寻找周围能掩护的建筑。火热的阳光下，我们弓着腰向左移动，紧跟突击队向第2阵地的交通壕前进。

我们的炮兵将火力瞄准了"中央二号"阵地。这块阵地在我军南侧160码处。我们的炮兵和迫击炮不断攻击"中央二号"阵地，终于在7月1日拿下了它。突击队没有参与"中央一号"阵地的进攻，而是直奔"中央二号"。

我军前面30码左右的地方开始了一场手榴弹战。大概90码处是"中央二号"阵地。法军的火力很猛，我们没法离开交通壕到外面去，我们前面的突击组似乎也停下了。突击组组长恩赛因·莫瑞克骨盆受了伤，在战壕中动不了。我想把他背回来，他却只是说让我不要担心。不久后担架手过来将他抬走了，那是我最后一次和他握手，第二天，恩赛因死在了医院里。

我接管了前线。

突击队成功拿下了"中央二号"阵地的守军。炮兵没有参与战斗，一顿手榴弹扔过去就结束了战斗。有的法国士兵顺着战壕逃走了，有的从开阔的阵地逃窜，剩下的都投降了。我留下几个人巩固战果，带着其他人一路向南追击那些逃兵。

我们沿着法国人挖的10英尺深的交通壕前行，遇到了一个法国营长和他的手下，他们没有做任何抵抗就被我们抓获了。再继续向南100码就到了战壕出口，这里是一大片空地。这里的地势突然倾斜，延伸到维也纳勒堡山谷，山谷里面的树木异常茂盛，根本看不清里面的情况。

我们和友军失去了联系。我们在森林边缘大概200码外发现了敌人，一番交战后，他们退入了树林。就在这时，1营的一小股部队向我们走来，后来3营也跟了上来。

我调整了计划，让所有人在"中央二号"南350码的地方原地待命。我们的右翼完全暴露在法军面前，身后的战场上我们还在和法军苦战，这时如果贸然向南推进，必定会伤亡惨重。1月29日的教训还历历在目。

侦察小分队向我报告，我们右侧的部队不能消灭"中央一号"阵地上的所有敌人。这就意味着我们必须小心敌人从右侧向我军进攻，夺回我们刚到手的阵地。我当即派出了久经沙场的老兵到前线防御右侧的敌人。法军果然向我们发起了猛烈的反击，还好我已经安排好了。我将这里的情况及时向营长做了汇报。

1营的几个连在我们左侧向山谷推进，到了胡耶特峡谷。根据前哨的报告，树林330码以外的斜坡上有大量敌人。我和1营营长乌利希上尉讨论了现在的战局。他决定让1营在9连左侧修战壕。

我们马上安排人做这项工作，随后还安排了一个排作为预备队，负责运送手榴弹和弹药等。法军侦察队想要窥探我军前线安排，被我们轻松地驱逐了。

修筑工事的进展很快，不一会儿，我们的战壕就有3英尺深了。战斗刚开始的时候，法军的炮兵竟然安静了下来，但是他们现在疯狂地轰炸"中央二号"阵地。很明显，法军觉得我们是以兵力优势夺取的阵地，但是他们的这次轰炸不过是炸毁了自己曾经的阵地，切断了我们通向后方的战壕而已。我们的补给暴露在敌人的火力下，唯一的铁丝网也被炸毁了。但我们还是成功地把重机枪排部署在了阵地上。

晚上，我们已经把战壕挖到5英尺了。法军还在不停地向我们开炮。树林中突然出现了冲锋号，大批法军朝我们冲过来，但是我们的火力很快就让他们都趴下了。因为地面凹凸不平，所以我们在敌人到离战壕90码的地方时才能开枪。如果我们在"中央二号"阵地附近开枪，射击条件应该会好很多，但法军的火力却会让我们吃很多苦头。

敌人们来势汹汹，周围手榴弹爆炸的声音不绝于耳。我们的手榴弹数量有限，所以我们更多的时候是用步枪和重机枪阻击他们。夜晚很黑，我们投放了很多照明弹，但是手榴弹爆炸产生的烟雾削弱了照明弹的功能。

这时的敌人距离我们的阵地已经不到50码了，他们的手榴弹不断地在我们身边爆炸。整个战斗过程非常艰难，但我们最终还是成功击退了敌人。天亮后，我们看到敌人在我们前面50码左右的距离垒起了一个沙袋墙。听周围的声音判断，敌人正忙着在掩体后面挖战壕。

刚过去的这个晚上，法军的步兵让我们不得休息，天亮后，炮兵又接班了。幸运的是，他们的大炮只有少数几个落在了我们附近。我们相对比较安全，反而是我们后面的运输队正搬着粮食和其他补给，在危险的炮弹下来回穿梭。

这几天我们一直在加固阵地。战壕现在差不多有6英尺深了。我们还安装了防护钢板，建了沙袋火力点，用树干修了小型掩体。法军的炮火对前线影响不太大，相反，通往后方的交通壕却常受到炮弹的侵扰，总有人在里面被炸死。

本来有炮兵过来支援我们6月30号的进攻的，但是这会儿他们都转移到其他的战线去了。因为弹药不足，炮兵没法给我们提供有效帮助。但是有炮兵观察员在这儿，我们还是放心了不少。

7月初时，敌人每天都从他们的阵地向我们发射迫击炮弹，想要破坏我们的战壕。这种迫击炮尾翼稳定、构造简单、横向扩散力小，所以命中率非常高。遭到迫击炮袭击时，我们很难及时撤退到安全地带。一颗100磅的炮弹就能要了好几个士兵的命，我们伤亡惨重。

7月，上级让我担任5周10连的代理连长。10连所在的地方由4连和5连提供补给。我们几个连长商量了一下，决定在地下26英尺的地方修一个多通道防弹掩体。我们几个军官和士兵们一起工作，因为我们发现这样可以大大提高他们的士气。我们不分昼夜，从几个方向同时动工修建掩体。

不到一个小时的时间，敌人就用炮火将我们的阵地夷为平地了。我们只能看着自己用原木修成的掩体像纸板一样塌下来。

法军的开炮模式总是不变的：先从左侧开炮，再向右转移。我们掌握了这些规律，所以每当他们开炮时，我们就从战壕撤出来，等他们将攻击目标移到右侧或者后面的阵地，我们再回去。

如果法国步兵趁此机会发起进攻，我们会毫不犹豫地将他们赶出我们的阵地，在近距离和步兵火拼这点上，敌人的水平远远不如我们。

我们一直在"中央一号"阵地上修工事、挖坑道和地下隧道，不断向敌军的阵地靠拢。8月初，我接管了12连的阵地。就在前一天，法军炸毁了我们的一处地下通道，12连在这次轰炸中损失惨重，需要休整。天亮时我们才完成交接工作，还没进到阵地里，法军就开炮了，所有人就只能趴在周围的法军尸体上，熬过这段时间。

我们在等待时机，只要法军的炮火稍微没有那么密集，我们就拿起铁锹加深战壕。当战壕的深度达到8英尺，上面都建好小型掩体时，我们就不需要太担心法军的大炮了。我真心希望我们能一个都不少地离开这战场。

修战壕的工作非常艰苦，但我们的努力总算没有白费。虽然敌人不断地向我们射击，让我们不能安心修战壕，但两天后我们还是全身而退了。快8月中旬的时候，我把连队交给了接替我的人，开始了14天的假期。这是我在开战后的第一次假期。

第四章

新的阵地战

第一节　休假归来

休假结束后，我回到部队，上级将我安排到4连做了连长。我们预计在几天后在全团右翼完成进攻任务。4连所在的位置是夏洛特山谷的预备阵地。

我亲自侦察了我们之后要去的集结地区和进攻区域的地形，而且在阵地上做了几次演习，以确保连队能有十足的信心完成这次任务。遗憾的是，因为资历不够，我只在这个连当了几天的连长。

9月5号天亮前，我带着连队沿交通壕前进。我们从第123榴弹兵团手里接管了一个连的阵地，不过法军正在这片阵地下面挖隧道。我们有时甚至可以清晰地听到法军作业的声音。

我们希望在开战前，法军可以一直在下面忙着挖隧道。我们宁愿和法军肉搏，也不愿意他们抽出空来炮轰我们。接下来的3天，敌人如我们所愿地一直在下面挖隧道。

9月8号早上8点，我们正式向前面40~60码的敌人开火，所有的重型火炮和迫击炮一起发射。这种火力强度和进攻"中央"阵地时差不多。法军炮兵也随即向我们还击。我们三四个人挤在一个掩体中，任凭敌人的炮火从我们头顶飞过。

第四章 新的阵地战

大地在猛烈的袭击中不停地晃动，草皮、碎片、树枝纷纷被抛到空中又落下，就连粗大的橡树也被连根拔起又重重地摔在地上。我们这时完全听不到法军在地下挖掘的声音了。

我在阵地上来回走，想了解战士们的状况。炮弹爆炸的气浪有时会把我掀翻。我爬上胸墙看了一眼敌人的方向，就像是有无数喷泉在阵地上此起彼伏，泥土、烟雾、柴束、草皮、沙袋、木头全都混在一起。大树都被炮火炸倒了，一层蓝灰色的浓烟笼罩在敌人后面。

这次战斗持续了3个小时，我们艰难地趴在阵地上。手表指向了10点45分。我们三个突击组从掩体里跳了出来，在之前商量好的地点集合。我们要准时在11点发起进攻。

工兵班和弹药物资运输队都已经就位了，我给每个班长安排了攻击目标。这些目标大多位于敌军前线225码以外的地方。我对他们说，我们只需要盯紧自己的目标，完成自己的任务，后面的二线部队会解决目标之外的敌人。我们还讨论了解决目标之后的行动、巩固战果、和部队联系、地段封锁的问题。

我们集中火力，用大炮轰击敌人的阵地。这种猛烈的攻势下，我们的步兵穿过敌军阵地时估计也遇不到多少活着的东西了。

还有10秒，最后一批炮弹在我们前面不远处炸响。炮弹的烟雾还没有消散，我们三支突击队就已经悄悄地从战壕里面爬起来，冲向了280码外的目标。士兵们和之前演习时候做的一样，穿过硝烟弥漫的战场。

法国士兵们显然没想到我们的行动，他们惊恐地举起双手，从战壕里爬起来，我们没有时间管他们，只用手势示意他们到我们的阵地去投降。突击组继续朝我们的目标前进，连里的二线部队会照顾好这些战俘。

我从右侧加入突击部队。我们冲过敌人的战壕，几秒钟就攻克了目标。工兵、投弹组和负责挖工事的小分队随后赶到，目前为止，我们还没有人受伤。

我们的这次进攻没有像以前一样大声喊，而是悄无声息地对他们进行突然袭击。敌人似乎觉得大势已去，完全没有抵抗就直接投降了。就在这时，一挺机枪突然朝我们开枪，我们立刻四处寻找掩护。

我们快马加鞭地巩固占领的阵地，很快就用沙袋、弹药箱封死了敌人的交通壕。法军的炮兵向我军后方猛烈地开火，完全切断了我们和后方的联系。他们还用机枪将我们困在阵地上，我们又没法立刻得到增援和补给。

法国步兵趁这个机会发起了反击，虽然我们和敌人的距离只有100码，但还是很轻松地就将他们击退了。我们双方在阵地上的交通壕附近展开了手榴弹战，就像其他地方的战斗一样，法军一无所获。

因为在进攻的过程中误投了手榴弹，突击组的5名士兵负伤先撤退了。占领目标后，法军的反击让我们付出了3人阵亡、15人重伤的代价。现在补给也成了问题，要将弹药、物资和粮食运送过来，必须穿过一片开阔的阵地，但是法军的大炮还在不停地向这里开火。目前唯一的办法就是在中间修一条交通壕，想办法和我军的右翼取得联系。

营长听从了我的建议，决定从预备队抽出8名士兵，挖一条100码长的战壕，从当前阵地一直延伸到我们出发的地方。我来负责这项任务。我们的工事距离法军阵地只有50码，我命令运送物资的小组给我们带来了大量的沙袋和钢板，将它们做成掩体。6月30日的战斗中，法国人就是这么做的。

我们晚上10点才开始挖掘工作，这时候的敌人依然不停地朝我们附近扔照明弹。要想一个晚上就完成这项工作，现在就必须开始。

我们先在准备挖的战壕前堆起一排16英尺高的沙袋墙。有了这道墙，我

第四章　新的阵地战

们就像是有了安全的保障。我们几个人平躺在地上连成人墙，将沙袋一个个传到堆墙士兵的手里。敌人的步枪根本伤不到躲在沙袋后的我们，很快我们就在阵地两端筑起了长达50英尺的沙袋墙。可是沙袋用完了，中间还留下了一个200码的缺口。我让士兵用钢板代替沙袋堵住缺口，建成一条散兵线。士兵们一将钢板安好，我们就开始躲在后面修筑工事了。

为了以防万一，我们的步枪和手榴弹就放在触手可及的地方。虽然敌人的照明弹和各种武器不断地向我们袭来，我们依旧无声无息地行动着。敌人的步枪打中了钢板，但是伤不到我们。

天亮时，一条深6英尺、通向后方阵地的交通壕就完工了。昨晚挖掘时，我们发现了一名1营士兵的尸体，从6月30日开始，他就躺在这里了。

工作了一天一夜，我刚想躺在干草上睡一觉，营长和团长就先后赶来视察我们的新阵地，他们对9连和2连的工作感到很满意。

我们占领了敌人的阵地，俘虏了几名法军军官、140名法军士兵，还缴获了16门炮、2挺机枪、2台挖掘机和1台发电机。这本该是巨大的喜悦，但是这份喜悦却被预备役中尉史杜威的阵亡蒙上一层阴影。史杜威中尉是我们和第123榴弹兵团之间的联络官，他阵亡时，兜里还装着一张休假令。

我再次交出了4连的指挥权，接下来的几个星期一直在指挥2连。4连里士兵和我一起数次出生入死，我们的感情异常深厚，离开4连时，我的心里很不是滋味。

我带领2连到了太子堡。太子堡由防弹掩体和阻击阵地构成，距离前线160码。在那里，我被提拔为一等中尉，并调到了明辛根山地部队任职。就要告别我曾经洒下过血汗的这片土地、一起并肩作战的战友了，心里说不出的难受。9月底，我离开比纳尔维尔森林时，尚帕涅战役正打得如火如荼。

第二节　突袭的准备工作

10月初，符腾堡山地营在明辛根成立，里面包括6个步兵连和6个机枪排，斯普洛瑟少校担任营长职务。我任2连的连长，2连中的战士是从各个兵种中抽调出的200个精英，这些士兵虽然很年轻，但是都身经百战。

我只用了几个星期就将他们训练成了一支有超强战斗力的队伍。刚开始时，我们穿着不同款式、不同颜色的衣服。部队从第一天起就士气高昂。军官和士兵都积极地参与到训练中，我们的训练很有效果，新发的山地服也很合身，所有的一切都那么顺利。

11月末，全营接受了阅兵，我们迈着整齐的步伐，接受了营长对我们的检阅。12月，我们前往阿尔堡，在那里接受滑雪训练。

2连驻扎在阿尔堡隘口附近的圣·克里斯托弗疗养院。我们有时不背背包，刻苦地在陡坡上练习滑雪。我们晚上会在临时休息室里听听音乐，这种日子和几个月前在阿戈讷时简直是天壤之别。适当的娱乐活动不仅让我熟悉了手下的士兵，也增加了我们之间的凝聚力。

我们的口粮是奥地利风味的，我们很喜欢这种口粮，里面甚至还有烟酒，大家都觉得这是我们的艰苦训练最好的回报。

可是好景不长，节后第四天，我们本以为会向意大利进发，却登上了前往西侧战线的军列。风雨交加的新年前夜，我们从巴伐利亚预备役手里接管了希尔森山脊南部的阵地。

新阵地有1000码长，左右两边的高度就差了500英尺。前沿阵地设置了坚固的铁丝网和别的障碍物，其中一根铁丝网是通电的。我们没法正面设置连续防御阵地，就加强了对几个制高点的控制，将它们打造成小型堡垒，还在四周设置了防御工事，里面准备了充足的弹药、粮食和水。我们总结了在阿戈讷的经验教训，确保每个掩体都有两个出口，还加固了顶盖。

和阿戈讷不同的是，敌人的阵地不在手榴弹的投掷范围内，除了我们的右翼和中间一段被称作"法国瘤"的地方可以攻击，我们之间的距离只有100多码。其他地方都特别远，中间还隔着茂盛的树林。除了敌人偶尔会发几枚炮弹过来还有机枪的骚扰外，敌人那边很少有动静。这次进攻最大的困难还是天气。春夏时，我们熟悉了各个阵地的名字：小南方、鞭子、腌菜头、小草地。我们还花了一些时间来训练后备军官。

1916年10月初，包括我们2连在内的几个连接到命令：突袭敌人抓俘虏。我想起了阿戈讷的经验，通常情况下，这种任务很危险，不容易组织，常常会有很高的伤亡率，所以我不想让自己手下的士兵执行这种突袭任务，但这是命令，我们只有无条件接受。

为了确保能够进入敌人的阵地，我在参谋巴特勒和科尔马的陪同下去侦察敌情。我们匍匐着穿过一片高大、浓密的树林，去往法国的观察哨岗，这个哨所建在一条通往敌军阵地的林间小路上方。小路杂草丛生，我们穿越时必须非常小心，这里距离敌军只有50码的距离了。

穿过小路，我们爬到一条小沟里，缓缓向前挪动。天黑后我们听见法国哨兵走路的声音，但是看不见人。穿过铁丝网浪费了我们很长时间，我们爬到铁丝网中间时，感觉一个法国士兵好像有些不耐烦，清了清嗓子，要是他这时候往沟里扔个手榴弹，我们三个就必死无疑了。可是我们已经没有别的选择了，只能动也不动地在原地停住。

三个人一起屏住呼吸，希望这难熬的时间快点儿过去。我们往回爬，中间不小心折断了几根树枝，这种微小的动静引起了敌人的注意。他们整个阵地都进入了警戒状态，一时间，好多子弹朝我们一齐飞过来。这好几分钟的时间里，我们只能紧紧地贴在地上，任由子弹从我们头顶飞过。等再也听不到声音后，我们才继续往回爬，幸好还是有惊无险地回到了自己的阵地。这次的侦察任务虽然完成了，但却证明了穿过林地突袭敌人有非常大的难度。

第二天，我在心里反复想完成突袭任务的可能性，发现情况可能也没有那么糟糕。我们可以在黑夜中，从草地爬到铁丝网所在的位置，但是障碍区由3道独立的铁丝网构成，光剪断这些铁丝网就要几个小时。我们的战壕和敌人的阵地之间只有500英尺的距离。

我们又连续侦察了好几天，才确定了敌人阵地两个岗哨的确切位置：一个在空地中间的隐蔽处；另一个在左侧200英尺处，这个位置的观察视野很好，火力可以覆盖整个地区。

要在这种开阔的草地上行动，只能在没有月光的晚上。接下来的几天几夜，我们都在研究进入敌人松树瘤阵地的计划，观察两个岗哨守卫的活动规律。在侦察过程中，我们非常小心，一旦引起敌人的怀疑，我们的突袭行动就会流产。

我根据侦察的结果制订了突袭方案。我放弃了偷偷摸摸进入敌人阵地的想法，而是想从两个岗哨之间越过铁丝网进入战壕，从侧翼袭击他们，如果条件允许，更好的方案是从背后袭击他们。这次的突袭行动预计要用到大约20名士兵，因为我打算到敌人的阵地之后就分开行动，而且有可能会遇到敌人的反击。

我们先安排小分队剪断敌人的铁丝网。他们先匍匐到铁丝网边缘待命，等到突袭小组的人用手枪或手榴弹将战壕里的敌人干掉或是占领了敌军阵地后发出信号，他们再行动。只有突袭小组成功后才能剪断铁丝网，掩护他们撤退。

我在战壕里和手下讨论了突袭计划的细节。负责不同任务的小分队在我们的阵地后面进行了演练。10月4日那天，天气非常糟糕，西北风不停地吹，气温很低，阵地上布满了乌云。天快黑的时候还下起了暴雨。

老天都在配合我的计划，这种天气下，法国哨兵早就把脑袋缩在大衣领子里，蜷缩在一个角落里了。他们的警惕性大打折扣，而且大风的声音也会将我们剪铁丝网和向敌军靠近的声音遮盖住。我向斯普洛瑟少校汇报了计划，并且请求今天晚上行动，很快就得到了批准。

第三节　正式进行松树瘤突袭

晚上9点，风雨交加，天黑得吓人，我带着三个小分队离开阵地，向敌人的阵地匍匐前进。科尔马参谋长和斯提特准下士领导的剪铁丝网小组先向左右两边走了。我和参谋夏福特和法伊弗领导的突袭小组紧跟在剪铁丝网小组的后面。另外的20个士兵呈一列纵队跟着我们，他们两两之间隔着3步的距离。我们悄悄地接近敌军。

我们几乎被雨打透了。但大家仍然仔细听着黑暗中的动静，偶尔有几声枪响在不同的地方出现，照明弹也会在夜空中闪过，但是敌人的阵地一点儿动静都没有。夜晚像墨一样黑，16英尺外的岩石，我们都看不清。

到了第一道障碍后，艰难的工作才刚刚开始。在剪断铁丝网之前，必须先用布将铁丝网包住，另外一个人抓住铁丝网的两头，让它不那么紧绷，最后一个人再慢慢地剪断铁丝网。被剪断的铁丝网的两端要小心翼翼地折起来，防止铁丝网弹回去的时候弄出很大的响声，这里面所有的步骤都经过我们反复试验。

我们剪一会儿停一会儿，听听黑夜中的声音，再继续剪。就这样，我们一点儿一点儿地把法军精心布置的铁丝网剪开了。虽然只剪开了下半段，但我们已经很满意了。

光是这个步骤就花费了我们好几个小时，铁丝网有时候会发出"咔嚓"的声音，这时我们就会停下来听听周围的动静。午夜时分，我们终于攻克了第二道铁丝网。可惜这时候的暴风雨小了很多。

第三道铁丝网是由又宽又长的铁蒺藜组成的，我们的小钳子根本剪不断它。我们往右爬了几英尺想将两道铁蒺藜分开，但是除了发出很大声音外，根本分不开铁蒺藜。铁蒺藜发出的声音像打雷一样。我们现在离敌人很近，这么大的声音他们都听不见，肯定在偷懒睡觉。

接下来的几分钟非常难熬，但南线阵地上很安静。我们放弃了要分开或弄断铁蒺藜的想法，它牢牢固定在地面上，根本弄不断。我们在附近发现了一个弹坑，那里有个口子。我们从下面钻了过去，距离敌人阵地只有几码距离了。这时又下起了大雨。

我们三个正处在铁丝网和敌人的战壕间，水从壕沟地下渗出来，流过石头台阶，进入山谷。突袭小组小心翼翼地从铁蒺藜下钻了过来。小分队的其他成员在第一、第二道铁丝网之间。

这时，壕沟左侧传来了脚步声。几个法国兵从斜坡上朝我们的方向走过来，悠闲的脚步声一下下敲击在我心上。敌人有三四个人，他们还没有发现

第四章 新的阵地战

我们。悄悄把他们干掉的可能性非常小，突袭小分队还在铁丝网另一头，根本帮不上忙。我在心里快速权衡了利弊，决定让他们过去。

我通知了夏福特和法伊弗，让他们藏好自己。铁蒺藜挡在路上，我们不方便回去，只能就近寻找掩体。如果这些巡逻兵仔细一些，肯定会发现我们。这种情况要是出现了，就只能把他们干掉了。

我们蜷缩着身体等着事情出现变化，敌人径直走了过去。随着脚步声渐行渐远，我们长出了一口气。我们又在原地等了几分钟，确定他们不会回来后才继续行动。我们一个接一个跳进战壕。这时的雨已经停了，只剩下了大风呼啸而过的声音。

我们尽量慢一些跳进战壕，战壕壁上的一些泥土和石块掉下来，滚到石头台阶上，发出很大的声响。我们又等了一会儿，所有的突袭小组就都进到战壕里了。

我们像之前计划的那样分头行动，夏福特中尉带着10个人往山坡下走了，参谋军士史洛普和我带着10个人朝相反的方向走了。我们摸索着在陡峭的壕沟里攀爬。现在我们离自己的目标就只有几步之遥了，不知道敌人有没有发现异常。

我们停下来仔细听，突然有什么东西蹿进了战壕，右侧战壕随即发生了爆炸。是手榴弹。突袭小组的先头部队马上往回跑，整个突袭小组都被困在了战壕里。又有几枚手榴弹被扔在了我们中间。我们要么立刻反击，要么束手就擒。

我们冲向敌人，不理会在我们身后爆炸的手榴弹。马夫斯蒂勒是第一次参加这样的行动，他被一名法国士兵击中了喉咙，诺萨克中士立刻解决了这名法国人。不一会儿，另外两名法国哨兵也被制服了。只有一个人逃到了后方。

我们打着手电，搜查了防空壕的入口，发现其中一个是空的，另一个全是法国人。我右手拿着枪，左手拿着手电筒，带着奎德特中士从20英尺高的入口跳了下去。7名拿着枪的法国兵靠墙坐着，他们争吵了一番，随即扔掉了手里的武器。我的想法是用手榴弹直接解决掉这些家伙，但我们的任务是将他们押回去。

夏福特中尉向我报告，他们的小分队抓获了两名俘虏。我们抓俘虏的时候，剪铁丝网小分队也没闲着，他们在铁丝网中给我们准备好了两条通道。

总算是完成了任务，我命令大家撤退。我们不能和法国预备队纠缠太久。敌人倒也没给我们带来太多麻烦。我们就这样带着11名俘虏回到了阵地。这次任务中最成功的是除了准下士斯蒂勒被手榴弹擦伤了一点儿皮，其他人都平安无事。我们受到了上级的嘉奖。

第二天我们遭到了法军的报复，一名狙击手在一向很平静的防御阵地射中了参谋军士科尔马。这让我们非常痛心，也冲淡了之前成功完成任务的喜悦感。

这两件事之后，我们的清闲日子也到此为止了。陆军最高司令部给符腾堡山地营下达了任务，我们必须在10月末去往东线。

第四节　斯库杜克隘口

1916年8月，德国和同盟国遭到了协约国的猛烈攻击。英法联军为了取得决定性战役的胜利，在索姆河布置了大量兵力。凡尔登周围的土地早就被鲜

第四章 新的阵地战

血染红了，现在它又重燃战火。

布鲁西洛夫在东线发动的攻势让德国的同盟国奥匈帝国损失了50万人，整条战线有失守的可能性。萨瑞儿将军领导的协约国军队在马其顿随时准备进攻。而意大利前线随着第六次伊松佐战役的结束，整个戈里齐亚都到了敌人手里。敌人要在这里发动新一轮的攻势。

在这个关键时刻，罗马尼亚人也来了。他们觉得自己只要一投入战斗，协约国很快就会胜利，他们也会从盟友那得到相当丰厚的回报。1916年8月27日，罗马尼亚人向德国和其他同盟国宣战，50万罗马尼亚士兵前往西班包根地区。10月底，我随符腾堡山地营也到达了那里。因为德军在多布罗加、锡比乌和喀琅施塔得连续取得战争的胜利，罗马尼亚军队被迫撤退到边境线附近。但是决定性的战役还没有打响，罗马尼亚人的幻想就破灭了，甚至到了只能等俄军增援他们的地步。

通向彼得罗沙尼的铁路被破坏了，符腾堡山地营只能在普伊下车，向彼得罗沙尼徒步前进，各种各样的队伍将道路堵得水泄不通。为了赶路，我们只能采取一些特殊措施，由先头部队手持刺刀驱赶那些漫无目的、堵塞道路的人流。步兵则在车辆旁边跟着，随时准备用手推车。这样，我们才能慢慢往前走。路上我们看到了不少戴着奇怪帽子的罗马尼亚战俘。

快到午夜时连队才抵达彼得罗沙尼，我们在学校里的地上睡了几个小时。长时间的行进后，我们的脚疼得不得了。尽管这样，2连和5连的士兵们还是爬上了卡车，经过卢佩尼向西南方向的山区前线继续行进。

几天前，巴伐利亚11师没能攻占伏尔甘和斯库杜克隘口。争夺隘口的战斗非常艰难。第11师的部分步兵和炮兵都被敌人击退了，部队也乱成一锅粥。舒米托的骑兵部队占领了边境线上的一道山脊。如果罗马尼亚军队继续进攻，我们这点儿兵力恐怕难以抵挡。

我们坐了几个小时的卡车到了霍比考瑞卡尼，在那里被划分到了一支骑兵旅里，然后向边境线附近的1794高地方向出发。我们沿着一条很窄的路往上爬，背包和四天的粮食压得我们喘不上气来。

好几个小时后，我们终于遇见了巴伐利亚师的几名士兵和一名军官，他们曾在山的另一侧和敌人打了很久的仗，身心俱疲。我们从他们那儿得知，他们在大雾中打仗打得很辛苦，大部分战友都在和罗马尼亚人的肉搏战中牺牲了。幸存的人已经好几天没吃东西了，一直在山野间游荡，终于找到了边境线。他们说罗马尼亚人就像猛兽一样，是非常危险的敌人。

快黄昏时，我们到了海拔3960英尺的地方，找到了这个防区的指挥部。就在各连准备吃晚饭的时候，上级将我和戈斯勒上尉叫了过去，说明了现在的情况：我们要以最快的速度行军，必须在今晚到达1794高地并占领山顶阵地，侦察南侧穆塞鲁和普利斯洛浦的情况。1794高地本来有个电话站和一些马匹，但是现在都不见了，而且我们和周围的部队失去了联系。

天空突然下起了雨，本来就没有向导的我们这下更看不清周围的环境了，但我们就这样出发了。天越来越黑，雨越来越大。不一会儿，雨水就将我们都淋透了，我们实在不能在陡峭的山上继续攀爬，不得已选择了在小路两侧露营，那里的海拔有4950英尺。雨还在下个不停，我们穿着湿漉漉的衣服坐也不是，躺也不是，和我们一样湿的树枝连火都生不起来。

我们只能裹着毯子和帐篷，在雨水里冻得发抖。过了一会儿，雨没有那么大了，但火还是生不起来，潮湿的树枝只是冒着烟，一点儿热气都没有。这样的夜晚中，时间变得格外漫长，凌晨时分，雨终于停了。但凛冽的寒风接了雨的班，湿乎乎的衣服贴在身上，我们几乎都冻僵了。我们在只有烟没有火的火堆边跺着脚。终于熬到天亮后，我们继续往上爬，这回很快就到了雪线。

到达山顶时，我们的衣服和背包上都结了冰。山顶的温度最多不超过零度，周围都是茫茫的白雪。我们没有如预想般找到自己的阵地。地上的小洞最多只能容纳10个人。电话班的士兵们待在那里，小洞右边是50匹冻得发抖的马。不久后，暴风雪向这片区域袭来，能见度只有几码远。

戈斯勒上尉将这里的情况报告给指挥官，希望上级能让我们两个连暂时先撤回去。但是无论戈斯勒上尉怎么说，指挥官就是不同意，我们的随行军医都说，我们要是坚持穿着湿衣服待在风雪中，尤其是现在又没有挡风的墙、取暖的火和果腹的食物，很多士兵都会冻伤的。但是我们得到的命令仍然是：只要后退一步，就会受到军事法庭的制裁。

我们派参谋军士巴特勒经过穆塞鲁网斯特苏拉的方向去寻找失踪部队的下落。其他人在雪地里搭起了帐篷。火还是生不起来。越来越多的士兵开始发高烧，还不断地呕吐，我们不断地向指挥部报告我们的现状，但是没有任何作用。

夜晚更加难熬，和之前一样，气温低得离谱，士兵们一直待在帐篷里会被冻僵的，只能出来不断地活动身体。天亮后，又有40个士兵不得不被送到后方的医院进行治疗。戈斯勒上尉让我直接向指挥官说明山顶的情况，希望我们至少可以调整阵地位置。等我回到1794高地时，90%的士兵都在因为冻伤和感冒而接受治疗，戈斯勒上尉看到这种情况，想着无论用什么办法也要转移。

中午的时候，接替我们的部队来了，他们带来了马匹和木柴等物资，天气也有所好转了。就在这时，侦察人员在南面的一个山坡上发现了之前失踪的侦察小分队。那里的海拔比我们这稍低一些，只有3600英尺，气温也很低，但勉强可以接受。他们没有发现罗马尼亚人的踪影。

三天后，我们终于休整过来了。天气比之前好多了，装备也经过了补充，我们爬上了穆塞鲁。中间在5940英尺高的地方露营后，继续向斯特苏拉出发。斯特斯拉在伏尔甘山脉的山脚处，那里非常陡峭，东北方向和北部几乎呈90度角。部队在附近设了三处岗哨，还在山丘上建了一个环形工事，那个山丘上都是树木。那里的敌人大概有一个营，他们在对面很近的地方也建起了相似的工事。

之后的几天，我们和一些罗马尼亚人有过接触，但没有伤亡。我们在阵地附近搭起了帐篷，每天都可以从外界得到供给。我们可以用电话联络斯普洛瑟山地营和哨兵，我们的右侧是亚坎路易峰，东南侧陡峭的山坡上有第11师的炮兵扔的榴弹炮，东侧1.3英里的地方驻扎着符腾堡山地营的其他战友。

第五节　和罗马尼亚人第一次正面交锋

11月时，罗马尼亚人在普洛耶什蒂集结了大量的士兵，估计他们是准备在布加勒斯特方向的喀朗施塔得进攻德国。但是他们不知道库内将军已经在伏尔甘-斯库杜克地区组建了一支新的部队，准备强行攻入瓦拉吉亚，从西边往布加勒斯特前进。

11月初的时候，我们营就占领了普利斯洛普、塞皮卢到格鲁巴·梅尔沿线的高地，现在新部队的右侧。我们准备让主力部队从山地进入河口，我们

第四章　新的阵地战

营的任务是保障主力侧翼的安全，让他们可以安心地阻击敌人。敌人一旦发现我们占领了阵地，肯定会尽一切可能反攻，而我们必须守住阵地。

罗马尼亚人的确有些战斗力，但他们所有的攻击还是被我们击退了，他们被困在了斯特苏拉地区。11月10日，除了一个排在后面担任警戒任务外，我们连整体前往格鲁巴·梅尔支援库内部队的进攻。

进攻在11月11日打响，而我们营的任务是占领勒苏路易，那儿是一个制高点，海拔4000英尺，它的南坡是瓦拉吉亚战线的一部分。罗马尼亚人倾尽所有，将山顶的防御工事修得非常好，我们可以看到在格鲁巴·梅尔和勒苏路易之间的山脊上几乎到处都是敌人的阵地。

我们这边包括2连在内有四个半步兵连，还有一个山地炮兵连。戈斯勒的部队会从正面进攻，利布的部队从东边包抄。利布手下的两个半连成功后，正面部队才会开始行动。

我们2连有一个机枪排的支持。11月11日破晓时分，我们到了罗马尼亚阵地的右侧，和敌人的距离已经不到200码了，随时都可以发起进攻。

事实上，我们在集结的过程中已经碰到过罗马尼亚人了，我们和他们的巡逻队进行了小规模的枪战，没费一兵一卒就俘虏了他们的几名士兵。这次交火也给罗马尼亚人提了一个醒，战争即将打响。

11日早上，敌人一直在对我们的阵地开火，但我们所在的区域很适合隐蔽，所以没有人员伤亡。我们想为之后真正的战役打响节省弹药，所以并没有还击，但我们也没闲着，而是用这段时间对敌军阵地进行了很深入的观察，制作了一个战略图，为进攻做准备。

一个山地炮兵连从我们左后方绕进了阵地，我们还安排了很多监视岗。几个小时后，利布的部队正式发起进攻。我们刚听到枪声，就和戈斯勒的其他部队一起开始进攻。

格劳中尉在2连进攻前就从地势稍高一些的地方用重机枪扫射了对方的阵地。我们的士兵从隐蔽处冲出来，满腔怒火地朝着敌人跑过去。敌人很快就败下阵来。我们杀过去，他们吓得从山脊的战壕中狼狈逃窜，只几分钟的时间，我们就到了勒苏路易，但是没抓到多少俘虏，他们跑得很快，从我们的眼皮子底下直接消失在深谷中了。我们占领了勒苏路易的主峰，任务完成得很顺利，晚上我们就在那宿营。整场战斗，2连只有一个人负伤。

侦察小分队在夜幕降临后向南方去寻找敌人的位置，外加找食物。我们现在急缺粮食。小分队直到第二天凌晨才回来，他们说没发现敌人，却带回来不少牲口，我们用最快的速度生起了火。食物和晴朗的天气让我们暂时忘记了在帐篷中度过的难熬的寒夜。

第五章

1916年底和1917年初的战斗

第一节　瓦拉里村庄

　　1916年11月12日下午，2连和支援我们的重机枪排接到命令，让我们沿着勒苏路易东侧的山坡下山去占领一个名叫瓦拉里的村庄。我们营的其他部队分成两队，从西面的山坡下去攻击相同的目标。

　　勒苏路易今天本来是个大晴天，我们却在下山的过程中遇到了大雾。我只能用指南针寻找要走的路，摸索着走过坎坷的山路。我听到山谷中有人说话，但分不清是发布命令，还是两个人之间的普通交谈。

　　我们的左下方不远处，有一队罗马尼亚炮兵正在朝伏尔甘隘口开炮。我们这样走下去随时有可能遇到敌人。所以我们在各个方向都安排了警戒哨，而且规定大家都不许说话。

　　雾散的时候天都黑了。我们在山谷前几千码远的地方看到了一个小村庄，但不知道它是瓦拉里还是库佩努尔。我用望远镜向那儿看过去，发现村子中有好几拨人，可能是罗马尼亚士兵。村庄入口有明显的警戒哨，我们现在距离入口也就十分钟的路程。

　　我觉得在没有支援、也没有和其他部队取得联系的时候就贸然发动进攻不是种明智的选择。我决定先联系侧翼的部队再准备进攻事宜。为了避免打草惊蛇,我召回了侦察兵,让他们就地观察敌人的行动。

我吩咐手下随时做好进攻准备,如果支援部队能在天黑前赶到,我们随时都可以发起进攻。我们藏在洼地和灌木丛中,天黑后,我命令收缩队形,只留下警戒部队。我命令所有的哨兵只要一看见我们的友军,或者有其他动静就立刻报告。都部署好之后,我终于可以睡一会儿了。

快午夜的时候,我听到支援部队从斜坡上下来的声音。我立刻将手下的士兵叫醒,我们在月光下顺着灌木丛朝库佩努尔-瓦拉里村庄走过去,重机枪排在左侧为我们提供火力支援。先头部队很快就到了村子边缘,报告说村子中没发现敌人的踪影。但我们的右边偶尔会听到一两声枪响。我们小心翼翼地进入村庄,重机枪排也跟了上来。

村庄里有很多农舍,里面的人围着火堆,盖着毯子睡着了。村子里果然没有敌人的踪迹。我们很快就在村子里绕了一圈,发现学校旁边的两栋农舍可以改造成临时据点。我让手下开始动手工作,安排好几个警戒哨后,我带了两个通信兵去村子西边找斯普罗瑟少校报告。营里的其他部队被安排在村子西边,敌人在那儿和我们短暂交火后就撤退了。

斯普罗瑟少校分配了各连负责的区域,我们2连负责村子东侧。我们的阵地朝南,3连就在我们右边。我想等天亮后和我们左侧的156步兵团取得联系。到这时为止,我们对敌人的部署和位置都不清楚。

凌晨3点左右,我回到连部。我的手下这时都已经睡觉了。我叫醒了军官们,我们一起对防区进行了侦察。防区东边是库佩努尔河,河宽大约150英尺,水很浅,河堤上有很多白杨和柳树。岸边的路通向南边。我们手里的地图显示东侧的路更好走一些。

桥附近有几间房子,村子最远处到小河西岸几百码处。这里的大雾和我们前几天遇到的一样，刚布置完警戒哨，雾就下起来了。我们在东侧、西侧和通往村子的路上都安排了岗哨。我派联络官和左右的3连、156步兵团都取得了联系。天亮时，我们发现最大可视距离不超过60码。

准下士布拉克纳报告说，他发现了一个连的罗马尼亚士兵，他们就在我们南方大概半英里的位置上。那时我们还没有和友军取得联系。但罗马尼亚人已经上好了刺刀，朝村子的方向过来了，他们目前应该还没有发现我们的警戒哨。我立刻向营部做了汇报，结果又收到了另一个方向的观察哨的报告——他在大雾中发现了一个由6到8个人组成的罗马尼亚侦察小分队，距离观察哨就剩50码了，问我要不要开火。

全连都进入了警戒状态，我赶到观察哨。罗马尼亚人都戴着高高的帽子，我们很容易看到他们的活动区域，我当时就命令狙击手开枪。第一轮交火过后，我们看到几名敌军倒在了地上，其他的都逃往浓雾中了。几分钟后，我们左侧的枪声开始密集起来。

侦察小队报告说，很多罗马尼亚士兵正从小河东侧向我们的观察哨移动。他们的动作很快，先头部队距我们只有几百码的距离了。我让重机枪组朝敌人的方向移动，命令他们用火力封锁道路两侧。敌人对我们进行了反击，但是只开了几枪就归于平静了。

我们还没跟右侧的3连联系上，我们推测3连距我们就只有几百码的距离。此起彼伏的叫喊声说明敌人是排着很宽的纵列在向瓦拉里-库佩努尔前进。

将队伍和3连会合对我们比较有利，于是我让部队沿着库佩努尔河的西岸朝南走去，警戒哨和重机枪排在河东岸保护侧翼和后方的安全。我尽量到库佩努尔的南部边缘地带，找一处视野开阔的地方，争取利用那里的地形和友军取得联系。

我带着一个班走在队伍最前面，其他人跟在我们后面160码处。雾很浓，能见度只有100到300英尺。我们刚进入村子南侧边缘，就遇到了一股罗马尼亚小队。双方距离最多50码，展开了激烈的交火。我们站着开了第一枪，随即卧倒，敌人的火力很猛，我们只能先四处寻找掩体。

敌人的数量至少是我们的十倍。我们虽然先发制人，让对方也不得不卧倒了，但新的敌人不断地涌过来朝我们开枪。他们利用灌木丛和树篱做掩护，离我们越来越近。先头部队处境危急，只能先退到右侧的一间农舍中，其他人则退到500码外的农场中。

浓雾一点儿也没有散去的趋势，我们暂时得不到任何支援。我觉得现在最好还是先撤退，尤其现在的能见度这么低。

我让先头部队无论如何再坚持5分钟，然后就撤到右侧和连队会合，连队其他士兵会在这个过程中给予先头部队火力支援。我独自一人朝后面的连队跑过去，在大雾的掩护下，敌人很难打中我。我命令一个排和重机枪组朝左侧射击，先头部队在掩护下撤了下来。只有受了重伤的二等兵肯特纳被留在了那里。

第二节 死守瓦拉里-库佩努尔

我们在小河边上，隐约可以看到罗马尼亚人，他们越聚越多。左侧的警戒哨跟敌人展开了激烈交火。左翼失守，局面对我们很不利。右翼稍远些的地方也传来了激烈的枪声。我们还是没有和3连取得联系。如果敌人从我们右侧攻上来，整个连队都会陷入敌人的包围圈。

我命令手下："1排不惜一切代价守住阵地，2排保护1排的右翼。"然后带着几名通信兵朝右侧跑去，想要联系上3连。我们在树篱后跑了大概200码就进入了一片开阔地带。就在我们穿过一片庄稼地时，距我们50—90码的右侧高地上有人朝我们开枪。我听出这是卡宾枪的声音，开枪的人显然是德国人。

庄稼地中无处藏身，我们只能不断地朝他们招手，大喊大叫，但对方始终不相信我们是自己人。幸运的是，他们的枪法太差，没有打中我们。大雾再次将我们笼罩，我们只能回到连队，不再去想联系3连的事情。

还好我们现在对3连的部署情况有了一个大概的了解，我们还有一个预备排，应该能堵上我们和3连之间280码的缺口。但战场上的局势瞬息万变，我没想到的事情发生了。

我在回村子的路上发现1排和重机枪组没听我的命令坚守阵地，而是选择了主动出击。从枪声判断，他们冲到了镇子的南部边缘。虽然1排的积极性值得表扬，但敌人的兵力优势太过明显，我们又没有兵力支援，这种情况基本上毫无胜算，幸亏预备队还留在原地。

我最担心的情况发生了，枪声越来越密集，我赶快朝1排跑过去。我在半路遇到了1排排长，他上气不接下气地向我报告："1排把罗马尼亚人赶到了村子的南端，让他们后退了300码的距离，还击毙了两名罗马尼亚士兵。但现在1排和敌人的距离越来越近了，而且还陷入了他们的包围圈，重机枪组几乎全军覆没，如果不立即进行支援，整个排可能会被敌人全歼。"

虽然有预感，但我听了报告还是气坏了。如果去支援1排，我们整个连都有可能被敌人包围甚至被消灭，进而符腾堡山地营左侧的防线就有了被敌人攻破的危险。虽然我知道应该从大局着想，但我还是决定前去援救。

第五章　1916年底和1917年初的战斗

我命令1排迅速从村子后面撤离。连里会在他们后撤时进行掩护。但是这会儿太阳出来了，大雾被驱散，1排撤退任务的难度呈指数倍增加——能见度有100码左右了。已经到了生死攸关的地步。2排很快进入村子中央位置，朝数量众多的罗马尼亚人开火，这时的敌人正从左前方攻上来。1排边打边撤，但仍然没有摆脱敌人。负责掩护的士兵一起开火，总算挡住了蜂拥而至的敌人，但左右两侧的敌人包抄了过来。如果之前重机枪没有损毁就好了。

1排的剩余部队被逼得走投无路，我跑到之前布置的前哨阵地，把那边的重机枪组调了过来，将他们布置在村子里最危险的地方。

损失惨重的罗马尼亚人没有善罢甘休。连里的指挥官都投入了战斗，达林格中士头部中枪倒了下去。大雾完全散去，我们可以观察到敌人的兵力了。但最重要的还是弹药的补给问题，这时左翼已经被敌人攻破了。

我赶快将战况用电话报告给斯普罗瑟上校，他立刻派了援兵过来。15分钟后，霍尔中尉带着大约50人赶到了这里。我将他们安排在左侧，和我们连的几个班一起守住左翼，让预备队过来听我差遣。不久后，6连也过来了，我让他们暂时在左后方。终于可以放下心了。

2连在这时也挖好了战壕。我方战士们射击技术非常精湛，敌人终于在我们的攻势下开始撤退了。我派出侦察兵。我们到了村子南侧，在那儿发现了1排的几名重伤员，他们的私人物品基本上被搜刮一空，但幸好保住了命。

能见度改善之后，我发现村子南侧是一个易守难攻的好地方，非常适合做阵地，就让我们连转移到这里，开始修建工事，又调来一个机枪组。

危机虽然暂时解除了，但我们的左侧较远的地方总有敌人在朝我们射击。右侧是被1排摧毁的炮兵连，后来发现这个炮兵连里还有其他部队的人。前面又没有敌人，我们就叫了一队巡逻兵去看看这些大炮，结果竟然看到炮身上刻着"克虏伯大炮！德国制造"的字！

不久后，罗马尼亚人再次出现在我们南边，并朝着我们前进。但距离还比较远，至少有2000码。我们现在有了较好的掩体，就在掩体中等着敌人过来再还击就行了。

第一批敌人距离我们只有500码时，我下令开火。我们的火力很猛，逼停了敌人，没有造成我方人员伤亡。大批敌人成了重机枪的靶子。敌人在天黑后撤退了。巡逻兵抓住了好几个俘虏，我们做好了夜战的准备，但前面的侦察兵没有发现敌人的影子。其他人又开始加固战壕，还有些士兵在四处寻找食物，想要好好吃一顿。

我们连在这次战斗中损失了3个人，17人负伤，为此大家都很难过。

符腾堡山地营的其他部队也和2连一样在死守瓦拉里-库佩努尔。敌人的突袭没能成功，我军守住了山对面。罗马尼亚方面的伤亡不小，有数百人阵亡，其中还包括一名师长。这次战斗过后，我们打通了前往瓦拉吉亚的路，对四处奔逃的敌人疯狂追击。两天后，符腾堡山地营到了特尔古日·乌。

第三节　占领1001高地

12月中旬，我们穿过了莫兹里、梅雷伊、古拉·尼斯科普路易、萨波，进入了斯勒尼克山谷，与阿尔卑斯军团在那里会合了。

在俄国几个师的增援下，罗马尼亚人在平原的战斗力猛增。我国第9军经过了一番苦战才打通了从布泽乌到勒姆尼克·萨拉特到福克萨尼要塞的通道，虽然取得了不错的战果，但伤亡不小。

阿尔卑斯军团收到的命令是将拉斯尼库尔和普特纳山谷的敌人消灭掉，那里的地势非常险要。但只有这样才能减轻在平原作战的部队的压力，而且还能阻止敌人利用地势攻击我军在福克萨尼要塞的部队。

我们在条件异常艰苦的深山中度过了平安夜。2连作为阿尔卑斯军团的预备队，从比索卡出发，经过杜米特雷斯蒂、德龙、佩特雷亚鲁到达梅拉。1917年1月4日，我们终于和驻扎在辛蒂拉里的营地会合了。

当天下午，我们被派驻守距离辛蒂拉里西北约1.6英里的627高地，上级给我们配了克伦泽中尉领导的一个重机枪排。罗马尼亚人派重兵占领了玛古拉·奥多贝斯蒂附近树木茂盛、地势险要的山区，那里的海拔大约有1000米，在那儿可以很好地掩护在福克萨尼要塞的部队。

我方打算在1月5号对敌人发起进攻，巴伐利亚近卫步兵团会从南面和西南方向对敌人进行进攻，而符腾堡山地营则会从西方和西南方向开始进攻。

我的加强连接到的任务是要经过523高地（距离辛蒂拉里西北方1.5英里）占领1001高地。巴伐利亚近卫步兵团在我们的右翼，他们距离479号高地东南方4英里。我们左侧是利布的部队，他们从西边登上1001号高地，现在驻扎在高地的山脊上。他们距离627高地大约3英里。我们所有部队的目标都是一致的。

上级要求我们在凌晨出发，穿过几个树木茂盛的山谷，太阳升起时要到达高地。望远镜在这时派上了用场。我趁其他人休息的时候用望远镜观察了一番山坡、谷地，很快对敌人的兵力情况有了大概了解。

可惜我们右边的视野被挡住了，没法看到右侧巴伐利亚部队的状况。在我们东北方向大概1000码的地方，罗马尼亚的侦察小分队正在那儿巡逻。

1001高地南北走向的一段山脊被罗马尼亚人完全占领了，我们可以清楚地看到敌人在那儿挖的战壕。在没有任何掩体的路上，想要在白天冲过去是不可能的。

罗马尼亚人在我们左侧的523高地北边布置了一个前哨，那里大概有一个排的兵力，高地上有一个农庄和几片小树林。岗哨在到处都是壕沟的阵地上，冲向西面。最有希望能到玛古拉·奥多贝斯蒂的路是一条从西面通往山顶的路，利布的部队准备在那里展开进攻。我打算朝他们靠过去，配合他们的行动，因为如果不能从左右两侧夹击敌人，那么从东北方向进攻就根本行不通。我们现在距离利布的队伍大概有3英里，我们看不到他们的具体位置，只能大概推测其方位。

我派出侦察小分队，让他们在两个小时内回来，他们的目的是分散敌人的注意力，掩盖我们想要去北面进行进攻的意图。我们的战术很成功，侦察小分队无人受伤。我们进攻了敌人的前哨阵地，将他们赶回了主阵地。

我们到了一片林地，往利布所在的方向前进了1.3英里。到了玛古拉·奥多贝斯蒂前面，我们调整方向，向北行军。

我在队伍的最前面，连部跟在后面150码的地方。我们排成一列纵队通过稀疏的树林，到了一条通往峡谷的马车道。侦察兵到峡谷最深处时，发现对面山坡上有声音。罗马尼亚的一些士兵和大量的驮马正在沿着山路往下走，他们的前排距离我们只有100码。但是我们判断不了他们的武器装备和战斗力情况。我们该怎么办？

敌人还没有发现我们。我让先头部队赶快藏在灌木丛中，然后往后撤了50码，准备伏击敌人，同时派出一名通信兵向先头部队传达我的命令。命令还没有传达到，罗马尼亚人就开始朝我们射击了。先头部队立刻对他们进行

第五章　1916年底和1917年初的战斗

还击，几分钟后，1排也参与到战斗当中了。

峡谷中的地形对我们不利，我们在这儿不好判断敌人的兵力，敌人又居高临下地对我们开枪。如果战斗持续时间太长，我们肯定会有很大伤亡。所以我决定主动向敌人们发起猛攻，尽量快速结束战斗。结果我们一冲锋，敌人就投降了，我们俘虏了7名罗马尼亚人和几头驮马。我方没有任何人受伤。

敌人撤退后，我们穷追不舍，跟着他们冲上了山坡，气喘吁吁地登上了山顶，结果却遭到了敌人猛烈的攻击。我左边的通信兵艾普勒头部中弹倒了下去。我立刻将重机枪排和两个步兵排部署好，然后穿过茂密的树林去追击敌人。

我们追击的速度不快，没能发现敌人的踪迹，只有身旁飞过的子弹证明敌人和我们的距离并不远。我们越向前追，敌人的火力就越猛，我们最后到了一片高大却稀疏的树林中，距离敌人的防御阵地大概300码。我们想要攻下这片阵地，但敌人非常顽强，我们几乎不可能成功。我们和敌人阵地之间有一块很浅的洼地，但我们现在所在的斜坡和敌人阵地正对着，这种地形对我们非常不利。

为了避免无谓的损失，我立刻让步兵在重机枪排的掩护下撤退到旁边的山上去。这时我们距离小山包上的敌人也就0.25英里了。火力逐渐减弱，只能听到零星的枪响了。

我没和左右的友军联系，而是就地开始修环形工事，挖战壕，将预备队和重机枪排都部署在防御阵地的中间。晚上，我们将艾普勒埋葬了，他是这次战斗中唯一牺牲的士兵。天还没完全黑时，我们就在800码外的一块林间空地的边缘发现了利布特遣队，于是很快用电话联系了他们。

我和利布中尉、斯普罗瑟少校讨论了战况。如果两支部队一起从正面进攻敌人，获胜的可能性很小，从东南方向包抄敌人的成功可能性很大，事不宜迟，战机稍纵即逝。

晚上，我派技术军士史洛普对敌人阵地的南部进行了详细的侦察。由于地势崎岖，这个侦察任务很艰巨。天亮前几个小时，史洛普带回了好消息："我们从东北方出发，穿过一个深谷就到达敌人阵地后面的山脊上了，我在这条路上没有见到敌军。然后我横穿了一条罗马尼亚人活动频繁的公路。"

我将侦察结果告诉斯普罗瑟少校，他让我带两个半连的兵力包抄敌军。我们在破晓时分发起进攻，利布的部队会在我们的部队开始进攻后从正面打击敌人。这时天上飘下了鹅毛大雪。

天色阴沉，积雪有4英寸厚。我们的增援部队6连也到了指定位置。我将休格尔的步兵排留在原来的位置上，从那里用火力吸引敌人的注意力，牵制敌人的行动。我带着不到两个连的兵力和重机枪排向东侧出发，到达深谷底下。史洛普在前面带路。

休格尔的部队开火了，罗马尼亚人本来就担心我们会进攻，见到休格尔开火，马上就进行了反击。在他们打得不可开交的时候，我们穿过峡谷，往东北方向去了。在山路上艰难地爬了好一阵，我们才到达山脊，发现了一条罗马尼亚人刚从雪地上清理出的路。

雾又下起来了，能见度最多50码，我们随时都有可能遇到敌人。我让2连士兵扔掉背包，呈攻击队形前进。2连和重机枪排走在前面，6连紧跟其后。这时左边休格尔的部队除了偶尔有几声枪响外，战斗已经逐渐平息了。

我们穿过山脊和树林，向敌人的西面和后方前进。这时，我们突然听到前方传来了声音。我示意部队停下来，让重机枪排做好开枪的准备。我们慢慢地往前走，很快就来到了敌人的营地边缘。篝火还在冒烟，敌人却没了踪影。

第五章　1916年底和1917年初的战斗

我们继续往前走，到了林子中间的一片空地上，发现那里有几个毫无戒备的罗马尼亚人在来回走动。我们不知道敌人的战斗力情况，也不知道他们的人数。但不论有多少敌人，我们都要做好战斗准备，所以我命令重机枪排只要发现敌人就朝他们开枪。几秒后，我带着部队朝敌人冲过去。

结果那里只有几个罗马尼亚人，他们没有还击，而是立刻逃跑了。我们也懒得去追，只是继续往西走。偶尔会有几颗子弹朝我们飞过来，但我们却没有发现敌人的位置，几分钟后，我听到利布的部队过来了。

我们小心谨慎地怕误伤到正在往我们这边走的友军，但我们很快就解决了我们和利布队伍之间的敌人。大部分罗马尼亚人不想投降，就向山下跑去，2连一共抓住了26名俘虏。但他们躲得了一时，躲不了一世。我们的部队3天后到普特纳时，敌营的500人一起出来向我军一位负责运输补给的指挥官投降了。

我们又一次毫发无损地完成了任务，利布的部队继续朝1001高地前进，我让2连捡回自己的背包跟着他们。雪一直下个不停，雾也越来越浓了。

快到山顶时，利布特遣队和罗马尼亚人的预备队在一处可以避风雪的阵地遭遇了。我们的山地营马上进行进攻，敌人坚持了一会儿之后放弃了阵地。他们再没回来过。

1001高地的天气环境非常恶劣，寒风吹过，就像是针扎在我们脸上。我们只能赶到史基图·塔尼塔小修道院暂避风雪，这座修道院在高地东边的山坡上，和山顶的距离不算远。敌人没有阻止我们。修道院的环境出乎我们意料的差，里面空间狭小，我们也没有粮食，也就是在里面避避风雪。可是我们连避风雪的权利都被剥夺了。

一个小时后，一些巴伐利亚近卫军到了塔尼塔小修道院，要把那里当成他们的营地。巴伐利亚近卫军的地位比我们高，他们指挥官的军衔也比我和利布高，我们只能给他们腾地方。利布好歹给他和部下在修道院找了两个安身的地方，而我们就只能在修道院附近的土屋里忍受刺骨的寒风。白天还好些，到了晚上，我们实在是冻得受不了了。我决定在山谷里给手下找一个栖身之所。

第四节　罗马尼亚俘虏

1917年1月7日清晨，我往加杰斯蒂两边的普特纳山谷派出了侦察小分队。那天地上的积雪有12英寸深，大雾浓得散不开，天气异常寒冷。快到10点时，司务长普法尔报告说他向山谷方向骑行了2.5英里，没看到敌军。就在这时，他听到敌人从峡谷中弄出了很大声响，虽然看不到具体情况，但是从声音判断，敌人是在撤退。

我给斯普罗瑟少校打电话报告了这个情况，希望他允许我带着2连前往加杰斯蒂。

一小时后，我们排成一列纵队从山谷下来穿过树林。这时的能见度大概100码。我往前面和两侧都派出了警戒部队，在前面探路的部队由技术军士休格尔带领，他就在我们前面大概100码的位置上。机枪由马驮着，重机枪排在整个队伍的中间位置。

我们走了30分钟才出了林子，到了一条狭窄的小路上，路边满是几码高的小树苗。雾渐渐散开了，我走在队伍最前面。

第五章　1916年底和1917年初的战斗

前面突然响起枪声，休格尔说在小路上遇到了一队罗马尼亚侦察兵。他开枪干掉了几个带头的，剩下的7个人投降了。这些俘虏可能是罗马尼亚大部队的警戒部队，连队随即变成战斗队形前进。

休格尔让先头部队继续前进，几分钟后，他报告说部队到了苗圃东侧边缘，前面100码处有一个连的敌人正在朝着我军的方向过来。我立刻命令先头排朝敌人开火。敌人立刻反击，强大的火力使得我们全部卧倒。

在这种关键时刻，重机枪偏偏掉了链子，排长报告说他们的枪全都冻住了，拉不开枪栓。我们在苗圃边缘和敌人展开了激烈的战斗，慢慢地，我发现敌人的火力远胜我们。重机枪排在一片小洼地里用酒精给枪栓解冻，敌人的火力不断地从低矮的树苗间射过来，重机枪还是没法用。这时候如果敌人从我们侧面包抄过来，我们就只能撤退了。为了防止这种情况，2排和3排守着我们的侧面。

第一挺机枪化开的时候已经没有了使用的机会。敌人在浓雾中逃之夭夭了，我们要是朝着浓雾乱开枪只会浪费我们本来就为数不多的子弹。我们的补给本来就很困难，所以我决定不盲目开枪，等看准了再开。于是在重机枪组的掩护下，我带着一个排到了地势稍高一些的地方，那里有一栋小房子，外面是一个用篱笆围成的葡萄园。

我们双方都没有开枪。我们看到罗马尼亚人像无头苍蝇一般四处乱撞。我们朝他们挥了挥手，结果没用一颗子弹就带回来20个俘虏。罗马尼亚人很明显对这场战争厌倦了，有的人甚至主动招手向我们投降。

因为位置的原因，敌人可以容易地从任何方向向我们开火。我们只能在各个方向都建起防御阵地，还往四处都派出了警戒部队和侦察兵。我们抓到的俘虏越来越多。准下士布拉克纳突袭了葡萄园里的建筑，很快就解除了里面5个罗马尼亚士兵的武装。我和豪瑟尔中尉继续走,想给连队找到一个更舒服的地方驻扎,最好有个农庄。

那时的温度只有零下4摄氏度,我们饥困交加,最后还是没找到农庄,只在葡萄园中间找到了一个比较深的沟,我们将那里当作阵地。阵地中间有一座小房子,我们在其中一个房间里发现了一名受重伤的罗马尼亚士兵,伦茨医生尽可能地抢救了他,但还是无能为力。后来,整个连都搬了进来。

深谷的东北方向大概100码的地方有一片开阔地,上面只有几株稀疏的灌木,再往下就是加杰斯蒂方向。雾气还是没有完全散去,能见度大约有200码。我们突然在山坡边缘听到了声音。我和伦茨医生朝声音所在的方向匍匐过去,发现距我们几千码外的地方有很多罗马尼亚人,至少有一个营的兵力,他们就在一座果园后面的开阔地上围着篝火休息,车辆都聚在一起。

我想暂时不进攻他们,因为那里的地形不利于发挥我们武器的威力,只在大雾的掩护下先摸过去。

现在是下午两点,离天黑还有两个半小时。天气太冷了,我们没法在没有掩体的地方露营。加杰斯蒂在哪儿呢?我们想先找个农舍过夜的,但后来还是回到了塔尼塔小修道院。除了住的地方,我们还需要食物。

我们走了0.25英里,发现小房子附近的深沟北面有一大群罗马尼亚人。难道他们是前哨阵地的士兵?虽然我们在北面的人只有一支卡宾枪,南边也只有四支,但我们还是冲了过去,大声叫他们投降。

我们这时和他们只有不到30码的距离了,撤退已经来不及了,我也没法预料结果会怎样。罗马尼亚人整整齐齐地排在一起,他们互相交谈,大概在商量对策,但看样子他们是不打算开枪的。我们后来朝他们走过去,解除了他们的武装。我骗他们说战争已经结束了,然后把他们交给了法伊弗的班。

第五章　1916年底和1917年初的战斗

我们继续往东面的山谷走，不一会儿，我们发现前面大概有一个连的兵力，他们距离我们大概有50码的距离，但我还是决定不去冒险了。我们像之前一样朝他们喊话，挥舞手帕。敌人吓了一跳，他们的军官生气地一边用罗马尼亚语喊着"开火"，一边打他们。

虽然那些士兵明显更想放下武器投降，但我们的处境还是非常危险。罗马尼亚士兵瞄准我们之后，他们的长官下令开枪。我们只能趴在地上，我和伦茨医生跑在后面，伦茨医生的勤务兵先开了几枪才撤退。我们利用大雾掩藏自己，敌人没有打中我们。有一个小队的敌人追了过来，其他人都在大雾中乱开枪。

我们在前面跑，敌人在后面追，我们就这样和法伊弗的人会合了。之前那30个俘虏还站在武器旁边，我们赶紧让他们躲到旁边的沟里，以防被敌人的乱枪打中，然后返回了自己的连队。如果敌人一直坚持不懈地追过来，对着深沟开枪，我们应该就不得不放弃自己的阵地了，还好罗马尼亚人的射击技术不好，我们没有人受伤，顺利地带着俘虏和大部队会合了。

我们回去后，连里阻击了追过来的敌人，双方展开了枪战，连队的重机枪帮助我们压制住了敌人。天快黑了，两边的枪声都渐渐变得稀疏，但双方都没有撤出阵地。天气太冷了，想找个地方吃点热饭比登天还难。这时，3连的霍尔中尉骑马到我们这里了解战况，他将80名俘虏押到了后方，还向塔尼塔小修道院里的驻军报告了我准备夜袭加杰斯蒂的事情。

又过去了一个小时，这期间，天气明显有些好转了，但也更冷了。我们能看到满天繁星和树林的黑色轮廓。我们又用卡宾枪和机枪扫射了敌人一次，然后迅速地摆脱了他们。

我们悄悄朝西北方向的山间小路走去，前后都被我安排了警戒哨，重机枪排在队伍中间。刚开过火的机枪还有些烫，因为怕枪栓再冻住，我们在枪上盖上了毯子和帐篷。我们在小路上走了大概60码后，掉头往北走去。我们在黑暗的树篱间穿梭，尽量不发出声音，只朝着北极星的方向一直走。最后面的队伍发现有一支人数不少的敌军队伍在跟着我们。

我在黑色灌木丛前停了下来，将一挺重机枪架起来。不过后来证明这是多此一举了，后面部队的指挥官在一个绝佳位置伏击了敌人，一枪都没开就俘虏了他们。这一下又抓住了25个罗马尼亚人。带上这些俘虏太累赘，我便派人将他们押送到了塔尼塔小修道院。

我们往北走了半英里，掉头往东。出发前我仔细研究了地图，我们必须从加杰斯蒂北侧的界线钻出去。我们改变了队形，三个排并肩前进；我和重机枪排在队伍中间，就这样在灌木丛里穿梭着。这里的地势稍稍向普特纳方向倾斜，我们走一会儿停一会儿，用望远镜察看周围的情况。

月亮挂在我们右侧的天空中，左侧的山谷里有火光在闪。700码远的地方，有几十个罗马尼亚士兵围着一堆很大的篝火。远处的一群敌人正在从左往右走，可能就是要去加杰斯蒂。村子被山丘挡住了，望远镜只能看到一些树木。右前方的视野也被一大片果园挡住了。

寒冷的冬夜，我们像一群狼一样悄悄地接近自己的猎物。先对左前方的敌人进行进攻，还是绕过他们，直冲着加杰斯蒂去呢？

似乎绕过他们更好。我们悄悄贴着黑色的树篱到了离山丘300码的地方，山顶离我们还有100英尺。我们左边300码的地方有大概50个罗马尼亚人还坐在火堆旁边。我的手下报告说前面的山丘里有人，但我用望远镜观察却什么也没看到。

我们沿着树篱爬到山丘下，山顶看不到这里。罗马尼亚人的哨兵就在我们上方几百码远的地方，我一边整队，一边让侦察兵往上去察看情况。我在想要不要等重机枪排上来再动手呢？敌人一共没有多少人，似乎不用等重机枪排，最好是打他们一个措手不及，一枪都不发就拿下这个山头。虽然加杰斯蒂的西北方向应该有重兵把守，但我还是想要出奇兵。

我很快就将命令传达给下级的指挥官，部队悄悄地冲上前去。整个山地部队一下子出现在罗马尼亚哨兵面前。所有的事情发生得太快了，敌人甚至连鸣枪示警的时间都没有，就往山下逃了。

我们就这样控制了山顶。我们右前方加杰斯蒂村的屋顶在月光下发亮，估计距离我们就只有半英里远了。最近的农庄顶多200码远。我们下方100英尺左右的地方，房子的间距很大。

第五节　防守

加杰斯蒂北边的警报响了起来。士兵们冲出来，很快就排得整整齐齐的。我想敌人会以密集的队形冲过来抢夺刚刚失去的阵地，我们也做好了战斗准备。重机枪的子弹已经上膛，随时可以射击，步兵也到了前沿阵地。我们还安排了一个排作为预备队埋伏在左边。

时间一点儿一点儿流逝。村子里一点儿声音都没有，我们没有暴露自己，也没开枪，有的士兵回到了温暖的营房，那儿应该是他们最不愿意离开的地方。我们都很困惑，罗马尼亚士兵竟然就待在下面的农舍里，也不过来夺走他们刚刚失去的阵地。

我们又冷又饿，已经挨到10点了，只能眼睁睁看着加杰斯蒂温暖的小房子。现在必须想想办法才行。我决定将村子东北边的小房子从敌人手里抢过来，让士兵们从那儿暖和暖和，再弄点儿吃的，剩下的天亮再说。

我让技术军士休格尔从右翼的排里带走两个班的人做突击队，攻击其中一个农场。他们沿着树篱过去，一旦遇到敌人的阻击就开火，在左翼和我们加强连的掩护下攻下农场。在我将任务都吩咐下去后，休格尔带着突击队出发了。

突击小组距离村子不到50码时，敌人开枪了。休格尔的队伍立刻反击，左翼的排大喊着朝村子冲过去，我们剩下的人也紧跟着过去。罗马尼亚人还没来得及从屋子里跑出来，我们就已经开始了全面进攻。2连的所有士兵们都大声叫喊着，就好像有一个营那么多人。怕伤到自己人，重机枪排将枪口对准了村子另一侧房子的屋顶，扫射了几分钟。

村子北边特别安静，只是偶尔能听到几声枪响。罗马尼亚人都投降了。我带着一个步枪排和一个重机枪排朝那里走过去。我到那儿的时候，几百个俘虏都被集中起来了。这次的战斗中，我们的人竟然没有一个人受伤。

农场周围一点儿声音都没有，只有我们的重机枪排偶尔对着房顶打一梭子，趁着势头正盛，我可以带着我们连队往右移动，把周围的农场一个个都清理了。这里的敌人都没有抵抗，全都被我们俘虏了。我们向四面八方都派出警戒哨，安排一个排的兵力看守所有的俘虏，剩下的士兵和我一起往南边的公路走去。

我们一共抓了200个俘虏，人数还在不断增加。我们只要去敲一敲门，就有新的俘虏向我们投降。我们在往教堂的方向走时，已经俘虏了360人，是我们连队人数的3倍。

第五章　1916年底和1917年初的战斗

教堂在一个小高地上，东面是一个向下的斜坡，村子离教堂大概有200码远。一些建筑物呈半圆形环绕在教堂周围，在那里过夜应该不错。我们把俘虏赶进了教堂，连队在附近的农舍里宿营。我向村子地势较低的那边派出了侦察兵，他从奥多贝斯蒂-维德拉公路中间穿过，但我们没有再遇见罗马尼亚人。

之前的战斗可能惊动了敌军，他们应该是向普特纳东岸转移了吧。我遇到了当地镇长，他让一个会德语的犹太人给我翻译，他想把镇议事厅的钥匙给我。

他们早就想到德国部队会来，村民们烤了300多个面包，杀了几头牲畜，还给我们准备了好几桶葡萄酒。我让他们把我们需要的量送到了部队营房。所有的士兵都进入营房休息时已经过了午夜，我在外面安排好岗哨，就让其他士兵好好休息了。

我们现在深入到我军防线4英里处，和左右两侧的部队都没有了联系。我们在加杰斯蒂，这里只有在天黑的时候才会有短暂的安宁。也是因为这样，我想等明天天一亮就占领加杰斯蒂东边的制高点，但是白天肯定有敌人已经驻扎在那儿了。

士兵们吃饱喝足就开始休息了。我让通信兵在凌晨两点半左右把我的一个简短的报告送到塔尼塔小修道院，还让他给利布中尉带了上好的红葡萄酒。

今天晚上，我们终于好好休息了一下。

1月8日天快亮的时候，我将整个连都部署在了加杰斯蒂教堂东侧的高地上。天亮后我们好好侦察了一下周围的环境，到处都被白雪覆盖着，我们确定周围没有敌军，但可以看到普特纳的东岸有敌军驻防。

我和司务长普法尔骑马沿村子地势较低的地方往奥多贝斯蒂方向走去。

晚上，我将驮马送回了塔尼塔小修道院，马的叫声可能会暴露我们的位置。天亮后，普法尔把特遣队剩下的人也带过来了。我骑马往奥多贝斯蒂方向走去，希望和普特纳西边的友军联系上。

我们在清爽的早晨骑着马经过村子南边，一声枪响都没听到。我将所有的注意力都放在我的马"萨尔坦"上了，让它飞快地跑了起来。普法尔跟在我后面大概10码的地方。我们离开加杰斯蒂大概1100码的时候，突然发现前面有动静。

竟然有15个罗马尼亚侦察兵拿着刺刀挡在我们前面，这时掉头已经来不及了，掏枪更加不可取。我很快在脑海中做好了决定，就这样大大方方地朝他们过去，友好地问候他们，告诉他们放下武器投降往加杰斯蒂方向过去，那里有400个同胞在等着他们呢。

我不知道这些罗马尼亚士兵能不能听懂我说的话，我能保证的只有我的态度很温和，说话的状态很有说服力。这15个人就这样放下了武器，朝我指的方向走过去。我骑马往前走了100码，然后抄近路快马加鞭赶到连队。下回我可能就没有这么幸运碰到头脑这么简单的敌人了。

下午，1连和1个机枪连过来增援我们。隆美尔特遣队里面现在有两个步枪连和一个机枪连，豪瑟尔中尉成了我的副官。

我的侦察小分队带回了更多的俘虏。快到9点的时候，战斗又打响了。罗马尼亚人朝我们开炮了，可能还有俄军，他们位于普特纳东侧的高地上。我们把村子里处在危险地区的士兵都撤到了别的地方。幸好部队没有人员伤亡。

下午的时候，敌人的火力越来越猛烈，这让我想起了在西线的战斗，法军的炮弹四处散落。有些炮弹还从我们的头顶飞过去了，和之前一样，可能是到处跑的通信兵暴露了我们的位置，才让敌人锁定了我们的位置。这里的战况非常严峻。特遣队占领了加杰斯蒂郊外,开始挖战壕防守。我们估计敌人要准备进攻了。

就在敌人对我们进行猛烈攻击的时候,斯普罗瑟少校骑马过来了,他将指挥所安排在了奥多贝斯蒂-维德拉沿线的公路上。敌人的炮兵一刻不停地轰炸我们,到天黑才有停下来的趋势。我们想到俄国人特别喜欢夜袭,所以加强了两翼薄弱地方的守卫。

第六节　在维德拉附近战斗

午夜时分,阿尔卑斯军团接替了我们的阵地,我们往北跨过山谷中的公路走了7英里,在行进的过程中离俄国人和罗马尼亚人的阵地最近的时候只有1100码,但他们并没有袭击我们。当然,我们在这样的情况下更不可能去主动招惹敌人。天亮后,我们和符腾堡山地营的全体人员都到了维德拉,这是我们几天来第一次找到一个舒服的地方睡觉。

我刚要好好睡一觉,营里的命令就到了。"敌人已经突破了维德拉山北部的防线,隆美尔特遣队要做好准备去往维德拉山北部的625高地,到那儿之后,归属于256预备团。"这个命令几乎要了我们半条命。四天来,我们的部队一直在极其艰苦的环境下战斗,刚刚走了一个晚上才到了这里,士兵们都累得够呛。刚进到营地,现在又要直接前往维德拉北部满是积雪的山区继续战斗。

部队集合之后,我把新任务和士兵们说了。部队开始往山上走。我和豪瑟尔中尉、司务长普法尔和一名通信兵骑马走在前面。马儿拥有着坚忍的毅力，驮着我们穿过积雪覆盖的山区和草地，最终进入了危险区域。

团里有很多预备队，所以我的部队没有马上投入战斗。我们在厚厚的积雪上围着火堆度过了一个寒冷的夜晚后，又收到了命令。部队往舒服的营地走去，接收家里寄给我们的信件。

符腾堡山地营现在归总部调配。第二天晚上，部队又出发了，这次要穿过敌人在加杰斯蒂的阵地，回到奥多贝斯蒂。第三天，我们穿过友军控制的福克萨尼要塞，然后又经过勒姆尼克·萨拉特到了布泽乌附近。

虽然一场暴风雪中断了铁路运输，但我们还是踏上了向西行进的列车。天气仍然非常寒冷，我们在没有供暖设备的车厢里待了整十天，在孚日山当了几个星期的预备队，然后又前往斯托斯怀尔-蒙西伯格-莱恰克科夫一带。

我们到达温岑海姆时，营里的两个步兵连和一个机枪连成为了兵团的预备队，相当于我们营的1/3的兵力，但是部队还归我指挥。斯普罗瑟少校让我们利用这段时间好好休整，让部队的作战能力回归到之前的水平。也就是说，我们要用很多时间来进行训练。大家都很喜欢这个新任务。接下来的几个星期，营里的所有连队都接受了我的训练。

1917年5月，我接手了希尔森山脊的一小片防区。6月初，法军炮兵对我们的阵地轰炸了两天，我们花了一年多时间修建的工事几个小时就被敌人炸平了。但敌人的步兵水平还是没有进步，他们的进攻没有对我军造成什么影响。我们还没来得及休整被打坏的阵地，营部就又接到了新任务。

第六章

喀尔巴阡山东南部的战斗

第一节 喀尔巴阡山的前线

1917年夏天，德国有大批兵力被牵制在东战线，这还是在俄国革命爆发削弱了协约国实力之后。只有把东线所有的敌人全部消灭，德国才能将全部的兵力都集中起来，投入到西线最后的决战中。所以，驻扎在西雷特下游和福克萨尼西北20英里山脉边缘间的第9集团军，从南面向俄国和罗马尼亚联军的南翼发起进攻，葛洛克军团从西边发起进攻，进入山区和敌人的左翼交上了火。

我们1连、2连、3连冒着炎炎烈日，从科尔马出发，经过海尔布隆、纽伦堡、开姆尼茨、布莱斯劳、布达佩斯、阿拉德和喀琅施塔德，在火车上待了一个星期，终于在1917年8月7日中午到了拜赖茨克。我们营是倒数第二个到达的。我们到火车站的时候听说葛洛克军团要在8月8日清晨进攻奥兹托兹山谷两边的高地。

我们手下的士兵把背包和罐头都卸下来，乘卡车花费3个小时经过奥兹托兹山谷前往索斯姆佐，那里是当时的匈牙利和罗马尼亚边界地区。我们卸下的装备也跟着我们被送往索斯姆佐了。

我们在索斯姆佐碰见了营部派往山谷的特遣队，他们是步行过来的。我们和总部的电话联络中断了,一位军需官传达了总部的口头命令:"隆美尔特遣队要尽快跟上大部队,经过哈雅-1020高地,到达764高地(博赫)。"

那时,奥地利、匈牙利和巴伐利亚的部队占领了整个山谷地区,道路两边摆满了大口径大炮。我想等战斗装备送到这儿之后再向危险的山区前进,就命令部队先就地安营扎寨。

奥地利哨兵手里拿着上了刺刀的步枪,用这种方式来提醒我们的士兵不要踏入指挥官的马铃薯地。当时各个部队的粮食都很短缺,他们的这种做法倒也情有可原。

夜晚来临后,我们燃起了篝火,军乐队举行了一个小时的音乐会表演。大家都还记得去年冬天和罗马尼亚进行的战斗,这让我们充满了信心。

10点时,我们熄灭篝火,睡觉去了。我们即将迎来下一个战斗季,现在必须补充足够的睡眠。

我们的装备午夜时分到了,休息时间就此结束。我叫醒大家,拆除帐篷并发放了4天的口粮,让士兵们准备开始行军。所有的运输车辆都留在索斯姆佐,所以上级给每个连队和特遣队分配了几匹马,用来运输弹药、粮食和我们需要的其他装备。

我想在天亮前通过部分山谷和1020高地,因为这些地方都在敌人的监控范围之下,白天会更加难走。我们从哈雅的一条陡峭又潮湿的路穿过树林。天快亮时,他们将一门参战的奥地利榴弹炮拖上了高地。

整个上午,我们和敌人展开了炮轰战。我担心赶不上巴伐利亚第15预备步兵旅的突围行动。紧赶慢赶,还是中午才到764高地。

我让士兵们原地休整,并给斯普罗瑟少校打电话说我们已经到了。他让我们作为旅的预备队继续向672高地前进,少校的指挥所就在那儿。到达那里后，我指挥的队伍中又加入了6连和3个机枪连。

我们得知巴伐利亚第10预备步兵团在温古雷纳地区经过激烈的交战后占领了首个罗马尼亚阵地。这里的罗马尼亚人顽强地坚守着每个战壕和掩体，其英勇程度大大出乎我们的意料。我们对敌军的强攻以失败告终。

在部队搭好帐篷、准备生火做饭时，上级的命令传达到了我们这儿，让我们和3个步兵连、1个机枪连继续前进，到温古雷纳西边的一个据点。斯普罗瑟少校在前面，我们4个连紧随其后。

我们在漆黑的树林里排成一列纵队在潮湿狭窄的小路上行进。前面的山脊上不时升起几个照明弹，偶尔还会传来机枪扫射声和炮弹爆炸的声音。我们很快就到了目的地。报告之后，上级让我们在主干道北面的洼地露营。

我开始给每个指挥官分配任务，长长的队伍还在等候命令，突然有炸弹飞到了我们左右两侧的斜坡上。罗马尼亚人发起了突袭，到处都是炮弹爆炸的巨响，整个夜空如同白昼一般，泥土和石块像雨点般坠落下来。马儿们受了惊，挣脱了缰绳，茫然失措地跺着脚。步兵趴在斜坡上等待这场突袭快点过去，整个过程持续了10分钟，幸亏我们没有太大的损失。

士兵们快速朝分配给自己的区域移动。虽然天降暴雨，但是经过了一整天的折腾，我们裹着大衣，很快就倒在草地上睡着了。

第二节　山脊公路转弯处

天快亮时，敌人又开始了新一轮的轰炸，我们被炮弹的声音惊醒。我和

第六章 喀尔巴阡山东南部的战斗

副官豪瑟尔中尉待在一块洼地上，一些炮弹在拴着的马儿旁边爆炸了。马挣脱缰绳，冲了出去，消失在远处。炮弹一个接一个地朝我们冲过来，有几次离我们非常近。我们等炮火稍微弱了一点儿才敢跑到一个大些的洼地里，寻求更好的掩护。

敌人的炮火像上次一样持续了不长时间，但这次我们有几个人被弹片伤到了，伦茨医生给他们进行了包扎。天亮后，我到指挥部喝了热咖啡后才从被轰炸的惊恐中镇定下来。5点左右，我们接到了向温古雷纳南坡进攻的命令，要和巴伐利亚第18预备团保持水平位置进行进攻。

我们冒着猛烈的炮火，穿过交通壕，从一个洼地跑到另一个洼地，就这样通过了温古雷纳的西坡。当我们到山的西南侧一片比较安全的树林时，压力才有所缓解。刚到那里，我就收到命令，让我们将在温古雷纳顶峰南边半英里的敌人从树林覆盖的高地上赶出去。

巴伐利亚第18预备步兵团前一天晚上就开始在这里挖战壕了，我先和他们取得了联系。但是他们也不知道罗马尼亚人的具体位置，因为我们还没有对那个方向进行过侦察。我只能在进攻之前从地图上先研究一下这个地区，发现一个满是树林和灌木的深谷横亘在我们与小高地之间。

我派一名军士带10名士兵和一部电话机去侦察敌人的情况。不到15分钟，他报告说敌人已经放弃了那块阵地。一收到消息，我立刻派两个连顺着电话线的方向呈单列前进，占领了小高地，并做好了防御准备。我们不能大意，敌军随时有可能反攻，重新夺取这个已经建好工事的据点。我向斯普罗瑟少校汇报情况的时候，距我接到这个命令只有30分钟。

我们上午的任务主要是对奥兹托兹山谷和东边人烟稀少的森林进行勘察。我们抓到了两个俘虏。中午，从西边过来的匈牙利国防步兵在高地上和我们进行了交接。营部的命令这时也传了过来，我们要向北出发穿过树林到温古雷纳山脊南边0.25英里的一个阵地。

我们执行任务的方式和早上一样，先派了一支精锐部队和电话去侦察情况。我们和附近的友军没有联系上，所以要特别小心谨慎，避免敌人突袭。一到新阵地，我们就再次部署了环形防御阵地，全方位防守。听说敌人现在在温古雷纳东北面和东面半英里的主峰，那里被敌人防守得很严密。

我们遭到了一次又短又密的炮火攻击，然后在下午3点对敌军阵地发起了攻击，将敌人赶到了温古雷纳东边1英里的山上公路转弯处。巴伐利亚第18预备步兵团将沿着山脊对他们进行进攻，而符腾堡山地步兵营和我们将予以支援。

我们暂时在西边的沟壑中休息。我派出几名侦察兵，对下午要进攻的阵地进行侦察。技术军士法伊弗率领10名士兵和南边的侦察队一起出发，查看敌人的具体位置和兵力。

我从敌人在温古雷纳峰南边半英里的高地上的兵力情况来看，觉得他们在东面山坡上的部署并不是无懈可击的，敌军可能在高地和山谷上部署了很多兵力，但山坡上的兵力却很少。这就是我们的突破口。如果真像我预想的这样，那这场战斗很快就能结束了。

去往北面的侦察小分队报告说阵地上到处都是铁丝网，但是他们走后还不到半个小时，就俘获了75名罗马尼亚士兵和5挺机枪。可是我在这个位置一声枪响都没听到。法伊弗在电话里简短地说："特遣队在往前走了600码时，意外看到敌人在峡谷里休息，他们甚至没有设哨兵。我们就让10名步兵接近他们，逼他们投降。他们的武器都放在旁边，手里空空的，只能投降了。"

我向斯普罗瑟少校报告了这个好消息，而且提出营部在对山顶发起正面

第六章 喀尔巴阡山东南部的战斗

进攻的时候,我率领部队对南面山坡上的阵地进行突袭。如果突袭成功,我们就能经山脊的转弯处到温古雷纳东侧半英里的敌军阵地。敌人这时就只能撤走在温古雷纳和弯路之间的所有兵力。斯普罗瑟少校将这个想法报告给上级,上级很快就批准了我的提议。可惜我们没有获得重武器支援。

我们沿着法伊弗的电话线往前走,他的小队成了先头部队,但是后来没有再发现敌军。我们顺着山谷往下走,穿过一片布满落叶树和灌木丛的林子。那里的山坡太陡,我们只能跟着法伊弗往下走1200英尺,进入奥兹托兹山谷。

我们在距离奥兹托兹山谷100码的地方和法伊弗会合了,然后一起往东北方向弯道处的山脊攀爬。我、豪瑟尔中尉和几名通信兵紧跟着法伊弗的部队。不久,我发现前方有蹊跷,赶快跑了过去。

法伊弗指着前面大约200码处的罗马尼亚哨兵,他们身后就是敌人的阵地,我们和敌人之间有一块稀疏的树林遮挡。敌人也没有看向我们的方向,他们的注意力都放在山谷两侧的开阔区域了。我们尽量小心安静地从一条狭窄的小路穿过陡峭茂密的西坡,向弯道处的山脊攀登。

在这个过程中我们随时都可能被敌人发现,所以我让先头部队一看到敌人就隐蔽,掩护后续部队继续前进。除非敌人先开枪,否则先头部队不允许开枪。我打算误导罗马尼亚人,让他们以为遇到的是一个侦察小队,这样我们就可以不影响行军进程,为接下来的进攻争取时间。我们可以利用这样的策略在接下来的战斗中出奇制胜。

先头部队走到距离谷底还有500码的时候遭到了敌人阵地的火力攻击。按照命令,他们没有开火回击而是掩护其他部队。我让3连在右侧,2连在左侧进行攻击。

茂密的灌木丛给我们提供了掩护，让我们可以在敌人看不到的地方做好战斗准备。接着，我下达了攻击命令："2连在小路上假装攻击，先用手榴弹和枪拖住他们。要充分利用掩体避免人员伤亡。进攻方向在山坡西面。我带3连从右侧包围敌军。"

罗马尼亚人的侦察兵靠近了我们的位置，我们不得不提前开始行动。敌人被击退了，我立刻命令2连发动进攻。2连遭到了山坡上方150英尺阵地上的敌军的阻击。趁双方交火，投掷手榴弹时，我和3连往东面山坡爬了300多英尺，穿过茂密的灌木丛，顺利到达了敌军侧翼的位置。

那里大概有一个排的敌人，他们正集中注意力和我军进行正面交火呢。我们的围攻使得敌人只能撤退。这里的树林茂密，能见度低，我们让3连停止了追击，再追就会进入2连的攻击范围。

2连则对撤退的敌人进行围追堵截，一旦敌人进行反抗，就重复之前的战略。3连也是一样。因为2连对敌人不断地进行火力压制，撤退中的敌人几乎没有时间停下来反击。2连的做法是在暗示3连从右侧包抄敌人。在火热的阳光下，这样的策略让士兵们不得不背着沉重的行军包翻山越岭，很多士兵都因为体力不支倒下了。

第三节　守住阵地

敌人的阵地一个比一个坚固，但我们连续将他们的5个阵地攻破，最后只剩下我、豪瑟尔中尉和10多个士兵还在追击敌人了。罗马尼亚人在灌木丛

第六章 喀尔巴阡山东南部的战斗

中狼狈地逃窜,我们不断地向他们开枪、叫喊,为了避免误伤自己人,我们都朝同一个方向扔手榴弹。我们用这种方法将他们赶出了原本很难攻破的阵地,而且无法停下来反抗。

穿过这片阵地后,山路还在向上延伸,但是不再陡峭了,树林变得很稀疏。我们到了树林间的一片空地,右侧和山坡草甸相连。越过山坡,我们看到敌军的两个连正在朝东北方向的山脊撤退。他们右边的炮兵连和驮马队也在撤退。我们立刻对敌军开枪,他们没法估计我们的人数。敌人消失在附近的树林和山坳里时,我让豪瑟尔中尉和其他士兵继续往前追。

山地部队在沿着树林边缘前进时,一个罗马尼亚人的炮兵连对我们的左侧发起了进攻。他们在离我们0.25英里的一片空地的西北角处向我们发射炮弹,猛烈的炮火让我们招架不住,只能躲在大毛榉树后面。2连和3连也上来了,我让他们躲在右侧的一个凹地里。

这时我们和要攻击的目标只有半英里的路程了。敌人慌忙逃窜,我们不敢有丝毫松懈,立刻去追。我们有时会听到从温古雷纳传来的激烈的交战声。巴伐利亚人和符腾堡山地营的其他部队应该也有了一些进展。

我们继续向山脊前进,却遭到了敌军的火力阻击。这段短暂的喘息时间让敌人可以重新组织部队、建立防线。而我手下的两个连一挺机枪都没有,这让我们有些被动。但我们还是巧妙地利用地形,慢慢地向山顶靠近了。敌人也很清楚阵地的重要性,我们这边只要有人暴露出一点儿就会立刻遭到步枪和机枪的攻击。技术军士巴特勒就是因为这样,才在观察时腹部中弹的。

黄昏时,我们的进攻开始变得顺利。天黑时,我们部队占领了罗马尼亚人的山顶阵地西边的高地,那个阵地可是有名的难攻。我派出一个小分队占领了距离罗马尼亚人的机枪阵地70码的一个小山口,那里的地形可以很好地为他们提供掩护。我的步兵则正在和北面和东面的敌人激战。其他士兵在西面邻近的橡树林里，对付北边和西边的敌人。

罗马尼亚人对我们也进行了反扑，想要抢回失去的阵地，但我们用卡宾枪成功地压制了他们，使他们不得不回到之前的阵地。我们用楔形队形穿过山脊公路，把罗马尼亚人的东西两边阵地的联系切断了。我们辛苦铺设的电话线也被切断了，我只能用烟火发射信号，通知营部我们已经到达了目的地。

我在夜色中将部队集结起来。敌人可能会从任何方向进行进攻，所以我下令构筑了环形工事。我在靠近指挥所的橡树林里留下了一个排。只要情况允许，我就会往外派战斗哨。

我现在没法和营部取得联系。下午的正面进攻没有得到预期的效果。我们西侧大约550码的地方，也就是在山脊公路弯道和温古雷纳之间，双方正在激烈交战。我们现在大概在敌人阵线后方1100码处。

我在小帐篷里借着手电筒的光，向豪瑟尔中尉口述了我的作战报告。我们尽量将光亮调到最低，否则随时有可能遭到敌人的攻击。山上的战士们表现出了非凡的勇气。2连准下士舒马赫和一位战友用帐篷将受了重伤的巴特勒送往奥兹托兹山谷。晚上，他们又将他抬到了索斯梅佐的一位医生那里做了手术，总算捡回了一条命。漆黑的夜晚，在崎岖的路上跋涉了8英里，还要躲避敌人，就这些方面来说，他们两个人的任务完成得非常出色。

8月10号黎明时分，在向上级汇报战况之前，我对局势的担忧已经降低了一些，向西边派出去的侦察小分队已经和巴伐利亚第18预备步兵团取得了联系。第18预备步兵团和符腾堡山地营在炮兵的支援下，于下午对敌人发起了正面进攻，但是没有太大的进展，敌人守住了阵地。

我方和敌人从战斗中发出的声音和信号弹，都知道我的特遣队打了胜仗。在温古雷纳和山脊公路弯道间的罗马尼亚人晚上悄悄地从阵地上撤走了。他们往东北方向的山坡去了，那道山坡向下通往斯勒尼克山谷。

午夜前，通信员将我的作战汇报送到了温古雷纳的营部。这期间，我让士兵重新铺设了一条电话线。晚上的气温有所下降，我穿着被汗水湿透的衣服感到有些冷。凌晨两点时，我甚至得靠起来活动来增加热量。

我和豪瑟尔中尉到前线观察敌人的阵地，发现他们东边有一个覆盖着树林的小高地，那里离我们大概90码的距离。

补给困难让我们不能随便乱用子弹，于是敌人就对我们更加肆无忌惮了。他们的哨兵就像在自家后院溜达一样自如地巡逻，天渐渐亮起来之后，敌人的行动我们看得一清二楚。我们想要干掉他们非常容易，但我还是想将进攻的时间稍微向后缓缓。天色大亮后，我们可以看到东边罗马尼亚人控制着的战线绵延不绝，从佩特雷山峰一直向北延伸。

第四节　向前推进战线

8月10日早上快6点时，我们恢复了和营部的电话联系。值班的军官告诉我，斯普罗瑟少校和符腾堡山地营其余各连已经到了阵地，他对我们在8月9日的战斗中取得的胜利大加赞赏。

我随后去东线侦察情况。虽然是白天，但罗马尼亚哨兵看上去一点儿都不警觉。昨晚，敌军在佩特雷峰和橡树林之间建好了战壕，现在很多守军就躺在阵地边晒太阳。我们和敌军形成了鲜明的对比。我们的士兵都将自己掩藏得很好，任何人都不能轻易暴露自己，除非遇到敌军开枪，否则不允许射击。

敌军阵地从佩特雷峰西侧沿着山脊一直延伸到橡树林。山脊上散布着一些灌木丛，橡树林里的阵地似乎修得很好。阵地控制着南、西和北侧的大片区域。橡树林的北面，敌军阵地向山谷展开，穿过低矮的灌木丛，朝着斯勒尼克深谷过去。阵地上除了单个掩体，还有些大型据点。阵地之间互相联系，完全控制了敌军前线对面没有任何遮挡的山坡。

旅部在7点左右时发出命令，让山地营继续作战，夺取674高地西400码的公路弯道。我们要将敌人再次逐出阵地。因为时间紧急，炮兵赶不到阵地，没法给我们提供火力支援。斯普罗瑟少校派我执行他的作战计划，让我指挥第1、第3、第6山地连和第2、第3机枪连。这是我指挥的最多人数的一次战斗。

阵地上的敌人还是毫无防备。我们想在中午时突然发起袭击，敌人守军到那时就只能退到橡树林南侧400码或者北侧300码的地方寻求掩护了。在机枪连牵制住敌人的同时，山地连的一部分战士要突破橡树林敌军的防线，将敌人压制在橡树林两侧，切断他们的退路。成功后，我带着大部队一路杀到674高地。

备战需要的时间冗长无味。整整一上午，我亲自布置了10挺重机枪。为了躲避敌人，我们绕了一大圈才把它们送到阵地上。我把其中几挺机枪藏在了前线阵地后面山顶的树林里，另外的几挺放在了南坡的小溪和山坳里。我给每挺机枪都分配了任务，还定好了进攻前、中、后的射击时间。我让机枪排12点准时开枪，离山脊公路弯道最近的部队作为此次作战的突击排。

快11点时，所有部队都做好了作战准备。我将树林南边当作突破口。1、3、6山地连和一个重机枪连作为突击部队，先藏在橡树林西南方向的一处凹地中，离橡树林90码的距离。正式开战前10分钟，我向3连、3连的佯攻部队和主攻部队下达了进攻命令。

12点，我向机枪突击排发出了开火的信号。10挺重机枪一起向橡树林扫射。为了迷惑敌人，引发恐慌，机枪一开火，3连左翼的一个排就一边大声叫喊，一边向橡树林的西北角扔手榴弹。我们将所有士兵都安排在有良好掩体的地方，想尽量减少人员伤亡。我们一开始攻击，罗马尼亚人就立刻向我们发起了反击。

随着震耳欲聋的呐喊声，3连利用手榴弹爆炸产生的烟雾向前冲了100码，到了橡树林的西南角。重机枪连从后面给了敌人们沉重的一击。为了不误伤我们自己的突击队成员，他们将炮火转向了左右两侧。我和参谋人员紧跟在突击队后面，他们悄悄地小跑着前进，想尽快完成任务。3连的其余部队和一个重机枪排和我们寸步不离。周围持续不断地传来爆炸声和枪声。

我们开火后不到两分钟，伴随着重机枪组的扫射而来的是左侧山脊公路附近的枪声。就在这时，突击队攻进了橡树林，遭到战壕中的敌人的顽强抵抗。但我方山地部队没用太长时间就战胜了他们。一旦进攻路上遭到阻击，山地部队就会直接向敌人阵地发起冲锋。

这时的机枪连已经到了橡树林边缘，他们快速架起机枪，向我们左侧的敌人射击，牵制住了突击小组正面的敌人，给了他们强有力的支援。在距离我50英尺的地方，一名罗马尼亚士兵瞄准了我，但他没有我的通信兵快，一枪被爆了头。

我们刚刚占领橡树林，敌人就在东北方向向我们反击。我们后面的机枪连还没有找到一个好的射击位置，鞭长莫及，还在攻击发起点，到不了东北面的反斜坡。敌人冲到了我们的手榴弹攻击范围内，枪战和手榴弹战就这样展开了，就连参谋人员也加入了战斗。

虽然敌人众多，但我军仍然誓死捍卫攻下的阵地。几分钟后，我们的一挺机枪进入射击位置，形势立刻转变为我方处在有利地位。我终于开始全身心地指挥战斗了。

3连和重机枪排配合得很默契，保证了橡树林南北两侧的安全。我命令1连、6连和两个重机枪连沿着山脊向674高地发起进攻。几挺重机枪将橡树林两侧的敌人牢牢地牵制住了，主攻部队在敌军阵地打开了一道缺口，剩下的重机枪封锁缺口的两侧，使得主攻部队免受四面八方炮火的攻击，直冲着山脊冲过去。674高地，我们志在必得，1连在最前面，部队呈单列纵队轻快地向前行进。

这一路上非常顺利，我们没有遇到抵抗。1连很快就到了674高地西边0.25英里的一个小山丘上。我紧跟在他们后面，他们到达的时候我正在一片小凹地中穿行，有机枪从我们的右侧扫射过来，但没有打到人。这像是从1300码的地方射过来的，大概在674高地东南方向900码的山坡上。

我躲在一个小得可怜的土堆后面，打算机枪一停下来就往前冲。这时，一颗子弹从身后飞过来打中了我的左前臂，鲜血喷了出来。我四下环顾，看到一个罗马尼亚小分队躲在90码外的一个灌木丛中，正在朝我们射击。为了离开这个危险的地方，我沿着"之"字形的路线冲到了前面的小山坡上。

小山丘上的1连士兵已经在那儿坚持了10分钟，直到我们后面的部队跟上来和两边的罗马尼亚士兵展开肉搏战才将他们解救出来。指挥罗马尼亚的法国军官嘴里不停地喊着"杀死这帮德国畜生"，直到他被击毙。

战斗在我们身后很远的地方还在激烈地进行。罗马尼亚人回过神来想要用预备队对我们发起反攻，抢回他们失去的阵地。但我军山地部队骁勇善战，局势还是完全掌握在我们手里。

第六章 喀尔巴阡山东南部的战斗

1连和6连成功地拿下了674高地，没有遭遇到太多的抵抗。伦茨医生这时也将我的伤口处理好了。随后，我命令部队夺取阵地并接受重组。阿尔丁格的重机枪排配属给6连，负责驻守674高地。剩下的部队转移到674高地西侧，在400码外的山脊公路北侧的洼地里面协防。

我的伤口让我痛苦不堪，失血让我感到全身无力，但我依然坚持指挥部队。我通过电话向斯普罗瑟少校报告了我们胜利的好消息。

这时，我们发现了一列纵队正从山脊公路上自科什纳山朝我们走过来。不用我多说什么，士兵们就已经拿起铁锹修筑防御工事了。我想让炮兵向敌军开火，但他们现在正在向前线阵地转移呢。敌人没有受到任何阻碍，直冲着我们过来。

戈斯勒上尉带着符腾堡山地营其他连队及时赶到，我们划分了指挥权。我指挥5连、6连和阿尔丁格重机枪排，负责在前线阻击。2连、3连和第3机枪连担任预备队。戈斯勒负责指挥1连、4连和第1机枪连，他们正在674高地西300码的山脊公路南边挖阵地。但是从科什纳山过来的敌人并没有直接攻击674高地附近的新阵地，只是派了几个侦察人员来打探情况，结果被我们轻松击退了。

罗马尼亚军团占领了5连和6连正面的山脊。他们的阵地距离我们的阵地约半英里远，向两侧延伸了1200码的距离。这样一来，我们就没有必要增加前线的守军了，整个5连、6连就能在前线拉起700码的队伍，而且呈半圆形。戈斯勒部队和6连相通，可以从南坡提供支援。而我，就带领分队为5连的北边提供安全保障。除此之外，整个阵地还有很大的纵深，这样的安排可谓万无一失。

下午3点，罗马尼亚人从佩特雷峰西侧撤退，穿过橡树林，到达斯勒尼克西岸。我们联系不到两边的友军了。罗马尼亚的炮火向我们攻过来，炸断了我们的电话线，我们几乎没有反击之力。炮火还炸毁了674高地和橡树林山脊公路两侧的阵地。

我和5连、6连之间的电话断断续续的，通信班士兵冒着生命危险在抢修电线。敌人的炮火对着我们开了一个下午也没有减弱的趋势。幸运的是，我们的人员伤亡较小。不久后，奥地利炮兵又登场了。我们的一颗305毫米口径的炮弹在此期间也落在了科什纳山顶的一群人中间，后来证实这群人是罗马尼亚和法国军官。

在这次和之后的炮轰中，我手下的部队伤亡都比较小。我的指挥所设在674高地西400码的陡坡上。双方激战正酣时，我在指挥所里草拟了一份674高地的作战报告。敌军的炮击终于在天黑后停止了。那之后，后勤部队给我们送来了粮食和弹药。

因为失血过多，我一点儿精神都没有。手臂上的绷带、肩膀上的大衣，所有的东西都让我感到不自在。我想暂时交出指挥权，但战事形势严峻，我必须坚守在自己的岗位上。

又有几支部队归斯普罗瑟少校指挥了。他的指挥所设在674高地西南2200码的橡树林里。第18巴伐利亚步兵团和炮兵联络官观测所也在那里。

天终于黑了。

第五节　重要的科什纳山

前线一点儿动静都没有，连罗马尼亚的侦察兵都没来过。快到晚上10点的时候，斯普罗瑟少校通知我，上级准备第二天早上11点在炮兵的支援下攻打科什纳山,少校征求了我的意见。

从地形上来看,我觉得从西侧和西北侧发起进攻更有利。那里的山脊顶部没有树木覆盖,炮兵和重机枪火力可以更好地为进攻提供支援。而且山脊公路北面有很多洼地,可以为进攻部队提供天然的屏障。

虽然我受了伤,但斯普罗瑟少校还是要求我再多坚持一天,指挥西侧和西北侧的进攻部队。这次的行动,我将指挥2、3、5、6山地连以及第3机枪连和第11预备步兵团。同时,戈斯勒上尉会带领1、4山地连,第1机枪连和第18巴伐利亚预备步兵团2、3营,穿过674高地和692高地,从南侧和西南侧进攻科什纳山。这项任务对我来说是一个新的挑战,我这颗不安分的心又因为这次的挑战而重新激动地跳起来了,所以我最终决定留下来完成任务。

我一夜无眠,伤口疼得厉害,白天战斗时的情景不断地在我的脑子里闪现,我总是在思考第二天的任务。天还没亮,我就把豪瑟尔中尉叫起来了。我们俩一起往5连和6连的方向走过去,借着清晨的微光,仔细观察周围的地形,制订了行动方案。

我军前沿阵地东面半英里的地方还有一道山脊,那里的敌军阵地横跨山脊公路。敌人的哨兵不是躲在树后面,就是躲在灌木丛中。我们发现公路北边还有一条非常紧凑的新防线,敌人的守军就集结在那儿。但双方就像是达成了某种默契,天亮前谁也没开枪。我方的阵地都非常隐秘,敌军应该很难发现。

进攻路线比我想象的还要棘手。旁边没有任何掩体,我们很难躲避敌人的火力攻击。山脊公路北面700~900码的地形比较有利。山脊和皮西奥鲁尔间的山坡上荒草丛生,还散落着茂盛的灌木。皮西奥鲁尔在5连侧面的山脊公路北边,距离山脊公路大概有1英里的距离,上面有大量的落叶林。

太阳出来了，陡峭的科什纳山顶在晨曦中俯瞰着周围的一切。那里就是我们8月11日的攻击目标。我们能成功吗？一定可以！我满脑子都是带着6连上阵杀敌的事情，早就把受的伤忘在脑后了。任务虽然艰巨，但我有信心和力量能将它完成好。

各连早上8点就在我的命令下用火力牵制敌人、误导他们，防止他们向阵地西北方向的山谷逃窜。当天上午，我命令皮西奥鲁尔南侧的部队用浓密的灌木丛作掩护，向山脊公路北边的敌军阵地转移，进入攻击位置。11点整，炮兵向敌军开火，掩护突袭部队攻破阵地，一路前往科什纳山。674高地上的部队和我们同时发起进攻，互相呼应。

我让荣格中尉指挥5连、6连和阿尔丁格重机枪排，还让豪瑟尔中尉向他传达了我攻打科什纳山的具体计划，和他在这次战斗中要采取的阵形。为了保证和斯普罗瑟军团保持联系，与炮兵的协同作战顺利进行，我将豪瑟尔中尉留在了荣格分队。

早上6点，我带着剩下的4个连穿过浓密的灌木丛往北前进。我们和荣格分队的电话线也架了起来。大概走了700码，我带着士兵向东拐，翻过一条浅石沟，到了674高地和皮西奥鲁尔之间的山脊。山脊上只有零星的几棵树。我们走走停停，观察周围的地形，结果发现这整条山脊上都是敌人的前哨。敌人将他们的前哨移到了新阵地前。这些前哨阵地就在5连左翼，我们竟然没一个人察觉到这一点。预备连的侦察小分队也没发现他们。

这样的形势下，从西北方向攻击罗马尼亚的主阵地就完全行不通了。一旦我们把敌军的前哨干掉，674高地东边主阵地上的敌人就一定会发现，我们的突袭也就不"突然"了，那我们完成任务的可能性就会大大降低。

我让部队先停下来隐藏好自己，仔细观察了前面的地形后，我决定智取敌军前哨。我们原路返回，到皮西奥鲁尔树木茂盛的西北坡——这一路上一个敌人都没看到——然后再次掉头向东，穿过浓密的灌木丛，向罗马尼亚前哨靠近。

为安全起见，我让部队将队形拉开。由我指挥3连里一名经验丰富的技术军士在前面探路，我有时小声地对他喊话，有时用手势示意他。我让他的排长胡梅尔中尉接过他肩上的背包，背在自己身上。我紧跟着他，和他保持几码距离，先头部队的10名士兵之间各自拉开了10步的距离，紧跟在我身后。4个连队和先头部队保持着160码的距离，呈单人纵队前进。

这样的队形有个好处，就是先头部队听令停下的时候，后面的连队还能继续前进，保持不暴露。全长半英里的队伍竟然一点儿声音都没有发出来。每个人都小心翼翼。我们都知道，现在我们是在敌人前哨阵地前面，非常危险。

我们跟着信号走走停停。仔细听了好几分钟，终于锁定了两个罗马尼亚前哨的位置。我们一点儿一点儿地靠近，敌军的哨兵有时窃窃私语，有时清清嗓子，有时还会吹个口哨，声音非常清楚。他们的哨兵之间保持着100—150码的距离，灌木丛很密，我们看不到他们的具体位置。我跟着先头部队到了两个哨所之间的位置。

我们混在敌人里，屏住呼吸，生怕被发现。幸好左右的敌人都还在瞎扯，我轻轻摆手，让4个连的士兵都跟了上来。我们和荣格分队之间的电话线也架好了。这条线还连着斯普罗瑟少校的指挥所。敌人对我们的存在还是没有察觉。

我们偶尔在浓密的灌木丛后面藏身，终于到了罗马尼亚哨兵身后的皮西奥鲁尔北坡。但敌人的前哨却还在阵地前面西侧活动。与此同时，在右侧的荣格按照计划先向敌人开火了。

一条很深的峡谷挡在了我们和罗马尼亚人的主阵地之间，要越过峡谷还不惊动敌人太难了。我们一路上横穿了几条小路才下了峡谷，幸好一个敌人都没碰到。我们的右上方，罗马尼亚人的大炮正对着荣格的阵地一顿轰炸。很明显，罗马尼亚人以为我们会从那里发起进攻，就自以为先发制人地打击我们。

8月的烈日快将我们烤熟了，我们还背着沉重的背包，重机枪组的负重甚至达到了110磅。负重使我们在陡峭的山坡上行进异常艰难。我们11点才到谷底，顾不上休整就直接向另一侧的险峰攀登过去，这里的植物稀少，只有孤零零的几棵大树。受到地形的影响，我们走得很慢。炮兵准时向敌人开火了，但是效果好像并不明显，炮弹没有落到我们预想的区域。5连和6连加大了攻势，敌人的炮兵也开始还击。

我们还在艰难爬坡。我因为手臂受伤，在遇到陡峭地段时，必须依靠勤务兵的帮助才能过去。

快11点半时，我方停止了炮击。3连探路的技术军士走在最前面，到一片稀疏的树林时，遭到了敌人的攻击。他听从我的命令躲了起来，没有开枪还击。我让先头部队先停下来，掩护连队继续爬坡。等我们到了先头部队下面160英尺处才停下来，这里的空间很小，但是山坡能很好地掩护我们。

这时我打电话给荣格，告诉他我准备半小时后发动进攻。我还想给斯普罗瑟少校打电话，请他让炮兵支援我们，但是电话线被切断了。应该是皮西奥鲁尔的罗马尼亚分队发现并切断了电话线。

偏偏在进攻前让我们和友军失去了联系，这样的情况让我有些不安，但现在去恢复联络肯定来不及了，我们只能接受现实。

我们只能猜测敌军阵地的位置。我想它应该就在侦察队遭到哨兵袭击的地方。这里的地形和山坡上茂密的灌木丛让我们能顺利转移到冲锋距离内而不被发现，但我们得不到高处阵地的火力支援。我们和荣格分队失去了联系，也不能指望他们的掩护了，只希望他们能按照原计划行动。

我让3连的一个排和格劳的机枪连在前线约100码宽的阵地上。2连在阵地右后方，3连和其他两个排还有第11预备步兵团第1机枪连在阵地左后方，呈梯形队列。

以我的信号为令，3连的一个排和格劳的机枪连悄悄匍匐前进，穿过茂密的植被，到达山坡上的敌人阵地。无论是遇见哨兵还是敌人守军，只要他们开火，机枪连就对他们进行扫射，30秒后按照我的信号停火。

这时，一直处于备战状态的3连那个排和其他部队要用最小的动静突袭敌军阵地。留守的部队立刻将突破口的两侧封锁住，主攻部队攻破敌人的防线后，先夺取山脊，再继续往东南方推进。为了声东击西，分散敌人的火力，我留了几个班在突破口两侧的位置上，用手榴弹向敌人发起猛攻。

第六节　正式进攻

我们在距敌军哨所不到100码的地方默默地做着作战准备。我让豪瑟尔中尉留在了5连、6连，所有的准备工作就只能我自己亲力亲为了。

敌人没有骚扰我们，帮了我们的大忙。快到12点时，所有的准备工作都做好了。皮西奥鲁尔东坡上，大约有一个排的罗马尼亚士兵在横穿我们刚经过的那条小路。这是我们进攻的绝佳机会，我立刻发出信号。

我们沿着山坡往上走，敌军阵地立刻向我们扫射。格劳的机枪连立刻还击。我们卧倒，左右两侧的手榴弹班也参与了战斗。我们前面的重火力将敌军阵地的守军牢牢地牵制住了，只有左右两侧的敌军在对我们进行射击。

我让重机枪组停火。山地部队冲过去，我们毫发无损地攻进了敌人的阵地。我们抓了几个敌人，封锁了整片地区，然后向右冲向了敌军防御地区。这些都和我们演练的时候一模一样。

我们沿着缓坡继续前进，身边的灌木越来越稀疏，大概走了100码，敌人的机枪从600码外的树林里向我们猛烈扫射，我们不得不停下来。他们的机枪架在最高的山顶上，和我们隔着一大片草场，现在又加强了火力。

3连的那个排和格劳的重机枪连也加入了战斗。3连其他部队和第11预备步兵团第1机枪连向左侧散开。敌军们现在在树林边缘，他们还得到了增援，很快又有几十挺机枪将枪口对准了我们。我们没有退路，只能穿过这片没有遮挡的草场。连续的行军和战斗耗光了我们的力气，如果敌人在这时候发起反击，我们很难守住已经到手的阵地。

敌人有了炮兵的支援，很快对我们发起了反击。他们的预备队冲着我军左侧扑了过来。大家的心里已经产生了必死的决心，凭着一股宁死不屈的劲儿抵御着敌人的入侵，最后竟然击退了敌人的进攻。

我们的伤亡越来越多，敌人机枪猛烈地朝我们开火，在这儿耽误的时间越长，我们就越危险。我在3连右侧和战士们苦战。我左边的阿尔布雷克特的重机枪排也在和敌军激烈地较量。2连预备队在灌木丛右后方，只有他们还没有遭到袭击。眼下的局势对我们来说非常不利，但我们唯一的出路就是想办法掌握战局，否则就只能出局了。

我们右边有几丛灌木。我想用这些灌木做掩护，让预备队接近山上的敌人，从左侧偷袭。成败在此一举。

我让身边的士兵后退，几秒钟后，我和2连的士兵向南移动。这一战关乎生死。我们绕过一个躲在灌木丛中的罗马尼亚人，他还没反应过来就被我们干掉了。不一会儿，我们就走了100码的距离。接着我们掉头往东走。我希望在前线的部队能继续顶住敌人的攻势。

我正要对敌军的侧翼发起攻击，却发现荣格的部队在2连后面。荣格还在一丝不苟地执行早上的任务，正要攻打横跨在山脊公路上的敌人。荣格的出现扭转了局势，敌军集中火力攻打我们的3连和两个机枪连，已经没有更多的兵力去抵抗3个山地连在他们侧翼和后方发起的攻击了。罗马尼亚人仓皇逃跑，甚至把机枪都丢在了战场上。

敌人在674高地东边700码的树林边缘击中了荣格中尉的腹部，这位英勇的军官不幸牺牲了。

敌人乱成一团，从山脊公路穿过凹地撤退了。2连、3连和机枪连乘胜追击。我也带着5连和6连去追敌人，一路沿着山脊公路越过山脊顶峰，我让通信兵通知剩下的所有部队都赶到这来。

6连占领了科什纳山顶西边半英里的一个小山丘，我们叫它"司令部山头"。5连在山脊公路西侧和南侧的阵地上俘虏了200多名敌人和几挺机枪。这时我们和科什纳山之间还横着一条宽阔的山谷。

罗马尼亚大军撤退到通往西坡的公路上时正好碰到了6连。科什纳山顶的敌军为了掩护自己的战友用机枪和步枪对我们发起了猛攻，击中了豪瑟尔副官的胸部。

我手下的连队先后到了司令部山头。大家都筋疲力尽了。从早上6点开始我们就一直在行军，路不好走不说，还要对付难缠的敌人。

敌军在科什纳山上的阵地非常坚固,我们又将所有的力气都用光了,在这种情况下,我们根本就不是他们的对手。我决定让部队先休整一下,再考虑攻打科什纳山顶的敌军阵地。

2连负责整个休整区的警戒工作。6连派出一个侦察小队,带着电话去侦察通向科什纳山阵地的林间小路。我从司令部山头望过去,能看到提古·奥纳就在山谷的东北方,和我们的直线距离最多3英里。我们还能看到提古·奥纳火车站上的列车。

快到下午1点时,斯普罗瑟军团参谋部带着第18预备步兵团2营和3营到了司令部山头的西侧。斯普罗瑟少校在橡树林里听到我们已经进攻的消息,还以为我们已经一口气拿下了科什纳山。

我们还不知道戈斯勒分队的情况。我向上级表示想要在1小时后攻打科什纳山顶的敌军阵地,希望巴伐利亚两个营在司令部山头给予我们火力支援。这个计划和早上的一样,斯普罗瑟少校批准了。

第18预备步兵团2营准时向敌军阵地开火。这时,我带着2连、3连、5连、6连、第3机枪连和第11预备步兵团第1机枪连下到了谷底,再往东走,到了司令部山头北边100码处。

我们顺着侦察小队留下的电话线,穿过茂密的灌木丛,顺着陡峭的山坡往下走。我们很快就到了对面的山坡上,追上了6连派出的侦察小队。在炎热的中午爬山可是一件难熬的事情。我和士兵们走了好几个小时,才登上山顶。

我们还是和之前一样,悄悄地躲在灌木丛后面或者是小溪里,一点点地靠近敌人。敌军这时候正忙着对付司令部山头的2营,双方的炮弹从我们的头顶飞过。

我们看到司令部山头巴伐利亚营对面大概200码的地方有一个罗马尼亚前

哨阵地。我们到了一处离敌军不远的凹地。为了防止误伤，巴伐利亚营停止了射击，敌人的炮火也随之停了下来。

我们小心地做着突袭准备，将两个步枪排和6挺重机枪部署在前线，两个连队呈梯形铺开，掩护两侧。准备工作和作战计划都和今天早上一样：匍匐前进、用重机枪火力压制住敌人、左右两侧以手榴弹战分散敌人的注意力，最后是突袭。

准备工作还没完成，西南方向就传来了卡宾枪声。这是戈斯勒分队在和敌人战斗，那之后，我也立刻就发出了进攻信号。先用重机枪进行扫射，然后我命令山地部队冲向山顶的敌军阵地，只用了几分钟时间就占领了科什纳山的西坡，阵地上的敌人吓坏了，四处乱窜，甚至都没有反抗就直接投降了。

我们没费吹灰之力就占领了科什纳山，抓到了几十个敌人并缴获了几挺机枪，但大部分敌军却趁乱向科什纳山东坡逃跑了。我们正要乘胜追击，东坡的罗马尼亚机枪就开始向我们猛烈地射击。敌人的东坡阵地距离科什纳山有600~700码的距离，在692高地南北向的山脊小路上，那里异常坚固，如果没有炮兵和机枪的支持，我们在白天无论如何也没法越过山脊去追敌人，只能满足于现状——毕竟在科什纳山顶，我们已经能够看到更远更美的风景了。

我们很快就和戈斯勒的部队联系上了，他们正从南边沿着陡峭的山路向788高地行进，也就是科什纳的山顶。我们和他们共同在山脊公路南边的陡坡上修工事。5连和6连驻守在山顶和通向西北方向的山脊公路的阵地上。我把第11预备步兵团分成3部分，将它们分配给前线的3个连，然后带领2连驻扎在阵地的后方。3连和第3机枪连则在左后方。

大约一个小时之后，斯普罗瑟少校率领两个巴伐利亚营赶到了这里。我们攻下647高地附近的罗马尼亚阵地后，敌人集结重兵，正赶往科什纳山东部地区，戈斯勒部队的处境让人担忧。他们伤亡惨重，必须马上撤退。

他们现在的位置是山谷东面的碎石坡上，这条坡从南边一直延伸到科什纳山山顶。友军匈牙利第70国防师仍在左侧数英里之外的斯勒尼克山谷方向，我们和他们还联系不上。夜幕降临后，我从山顶看到斯勒尼克山谷以北的炮兵正在激战，772高地的罗马尼亚步兵也在这一带活动。

我安排好了夜间的行动。侦察队必须尽快和戈斯勒的部队取得联系。我的手下都在按照命令行事。我今天累得没法给斯普罗瑟少校写作战报告了，只能让我的新副官舒斯特中尉向少校口头汇报了一下。

虽然累得要死，我还是整晚都睡不着觉。11点左右的时候，突然有无数的手榴弹落在了6连的阵地上。到处都是叫喊声、步枪声和机枪声。我心急如焚，立刻带3连去支援6连，但当我们赶到的时候，6连已经控制住了局面。

这究竟是怎么回事儿呢？原来是罗马尼亚步兵打算偷袭6连，但是被我方机警的士兵给击退了。不幸的是，敌人俘虏了我们第11预备步兵团机枪连的几名机枪手。

第七章

持续在科什纳山附近进攻与防御

第一节 1917年8月12日的战斗

凌晨时分,一轮圆月挂在夜空中。我派到戈斯勒部队的侦察小队向我报告,他们的左翼到了科什纳山东南侧大约半英里的地方。部队伤亡惨重,急需支援,敌人占领了部队600码外的坚固阵地。

凌晨1点,我亲自带了几名军官去侦察我军阵地右前方的地形。我得在天亮之前派一个连的兵力到戈斯勒部队和我军阵地右侧之间的地方。同时将整个阵地向前移到一个能够攻打科什纳山东部敌人的地方。但是斯普罗斯少校不同意我这样做。他让两个巴伐利亚营在黎明时突破科什纳山东北方向的敌军阵地,而我则带领山地营作为二线部队,跟着巴伐利亚营,向尼克瑞斯提前进。

天还没亮,敌军就从左后侧向我们开炮了,密集的火力从西北方向向我们袭来。他们的炮兵阵地离我军阵地很远,在斯勒尼克山顶,虽然杀伤力不大,但却在松软的泥土上炸出了很多石坑,这些弹坑直径20到26英尺,深大约有10英尺,方圆100码的范围内都下起了泥土雨。我们要躲着炮弹走,根本没法睡觉。敌人东部和南部的炮兵也把我们当成了靶子,这里的情况对我们非常不利。

第七章　持续在科什纳山附近进攻与防御

这时，斯普罗瑟少校麾下的两个匈牙利国防营赶到了山顶。其中一个营直接就开始做战略部署，在没有接到任何命令的情况下就直接越过我向阵地东边的敌人开火。结果却招来了敌军更强的火力。

我带着2连、3连、5连、第3机枪连、一个匈牙利步兵连和一个匈牙利机枪连撤退到了安全地区。两个巴伐利亚营在我们之前就行动了，去执行攻打科什纳山东北方向罗马尼亚阵地的任务。如果任务成功，就可以打开通向平原的道路，还可以击垮奥兹托兹山谷东面和北面的罗马尼亚战线。

我们在山顶下方将队伍拉开，成600码长，越过科什纳山西坡，敌军用炮弹攻击我们，环境非常危险。但清爽的天气还是让我们斗志昂扬。在稀疏的灌木丛中走了半个小时，我们就到达了科什纳山倾向491高地的山脊。

那里东北面的坡上长满了高大的松树，左侧坡下是一大片松树林。通过松树林可以看到科什纳山东北方向的罗马尼亚阵地，那就是两个巴伐利亚营的目标。宽大的障碍物将敌军的战壕牢牢围住。长长的交通壕从山脊一直延伸到东面浓密的林子里。我们和敌军之间隔着一条小山沟，越往东北方向，小山沟越宽，两侧都是低矮的灌木丛。

那时的我们还没占领敌军的阵地，我们北面1200~1600码的地方，巴伐利亚营却占领了罗马利尼亚阵地前面的宽阔山谷，在那里和敌人打得正激烈。

我们碰到了第18预备步兵团的一群伤兵，他们都说前面的形势非常危急。他们的先头部队突袭敌军的阵营，却遭到了敌军的猛烈还击，大概有300人受了伤，突破敌人阵地的计划也落空了。

听到这个消息，我立刻命令部队就地休整。部队在行进的过程中已经铺好了电话线，于是我给斯普罗瑟少校打了一通电话，向他报告了这里的最新情况，然后建议道，巴伐利亚营占领科什纳山东北坡阵地的计划已经落空了，再想攻下这块阵地，就必须得到强劲的火力支援。少校答应我当天上午就提供火力支援。因为我们这儿也没有炮兵观察员，我就建议从我所在的位置为炮兵校准，这里的观测视野很好。

我和手下仔细研究了怎样才能下到山谷而不被敌人发现，却发现这里的掩体稀少，几乎不可能不被发现。我在11点半的时候发出了第一个炮火校准指令，同时让部队以多列纵队沿山谷向下走，每两名士兵之间保持20步的间距。我打算先用猛烈的炮火轰炸敌人，进而攻破科什纳山顶东北方向500码外的敌军阵地。

校准炮火花了很多时间，还好最终我还是把一个奥地利榴弹炮连的火力都集中到了罗马尼亚阵地上。可是就在这时，我听说炮兵转移了阵地，加上弹药短缺，所有炮兵都被迫停了下来。

我的手下冒着很大的危险终于到了凹地的东南边，但700人的集体行动还是没能躲过敌人的眼睛。我们现在所在的位置是敌军障碍线前大概300码的灌木丛中，这里正好是敌人的盲区。下坡时，有一名士兵受了轻伤。我去和大部队会合，看到电话线已经架好了。

形势好像对我们不利，敌人严防死守，我们却没有支援，加上敌人的铁丝网阵地非常坚固，这场战斗几乎不可能胜利。

我们已经没有了退路。我们这时和敌军的距离已经非常近了，他们强大的火力随时可以消灭我们。我们可以往下坡跑，但是上坡却不行，那样就直接进入了罗马尼亚人的攻击范围。可是一直待在凹地里不动也不是办法，一旦敌人向我们开炮，我军必定伤亡惨重。

虽然形势不利于我们，也没有炮兵的支援，但我还是决定攻打罗马尼亚阵地。我的士兵们也一定会这样做，与其像砧板上的鱼肉一样任人宰割，还

第七章 持续在科什纳山附近进攻与防御

不如背水一战！我派出经验丰富的侦察兵去仔细察看敌军的布阵情况。我们只要一进攻，敌人一定会反击。为了穿过敌人猛烈的炮火，我命令部队穿过灌木丛，到敌军阵地200码内的小山沟里做好战斗准备。机枪连在右侧的山坡上为我们提供火力支援。

侦察兵没有被发现，侦察的结果还算理想。我正要让两个机枪连也进入指定位置，就接到了斯普罗瑟少校的命令：俄国人已经通过了斯勒尼克山谷的北面，正要攻打我军的后方。我的部队和两个巴伐利亚营必须迅速撤到科什纳山西面半英里的山脊处待命。

斯普罗瑟少校的指挥部已经向那里转移了，少校让我把这个命令也转达给第18巴伐利亚预备步兵团1营、3营，并且掩护他们撤退。

现在要怎么在大白天当着敌人的面撤退成了我们最大的难题。敌人一看到我们，肯定会不顾一切地向我们开枪，或者直接让步兵冲过来。无论怎样，我们的伤亡一定非常严重。俄军在我眼里不是问题，我倒是希望可以在他们之前到达山脊。不然我们还得再反攻，将他们赶下山。

我让符腾堡山地营的维尔纳中尉指挥两个匈牙利连沿着科什纳山在阴影中的东北坡向上攻上山顶。我带着剩下的四个连从灌木丛中撤退，先向491高地前进，再掉头直奔司令部山头。我们到达491高地不久，罗马尼亚人的机枪射中了几名士兵，好在都是轻伤。

到491高地后，我让3连占领山脊较低处。我想要和两个巴伐利亚营联系，就派了一名军官向他们传达斯普罗瑟少校的命令。但电话线被人切断了，我们不知道他们那边的情况。我截获了一份关于491高地的最新电话报告，司令部山头的形势半小时前开始好转了。

我派2连沿司令部山头向北延伸的山脊前进，驻守司令部山头北侧600码的山脊，扛起往斯勒尼克山谷方向的警戒任务。除3连外，其他连队向司令部山头行进，我和3连一起断后。之后的一个小时，两个巴伐利亚营成功甩掉了敌人。

一看到他们安全了，我就带着3连沿着科什纳山走了。1连和6连这时还在科什纳山顶，罗马尼亚炮兵正在猛轰我们的阵地。我让3连留在山顶增强防御，我自己回到了司令部山头请求治疗——我的身体没法再支撑我指挥战斗了。手臂上的伤从早上到现在都没有换过药，我不得不放弃指挥权，在指挥所附近休息。我度过了一个漆黑的夏夜。

第二节　防御战

快到午夜时，斯普罗瑟少校召集了我和很多军官到指挥部集合。现在的形势非常严峻，匈牙利的很多部队被包围了，包括匈牙利帝国皇家枪骑兵第3守卫连、第1连以及帝国皇家龙枪连、第1国防连。

他们的报告上说，强大的俄国和罗马尼亚部队突破了他们的防御，一路向北直冲斯勒尼克山谷，而且准备往南，朝科什纳山和温古雷纳山之间进发。这样的话，斯普罗瑟少校的部队就会被敌人切断，因为我们在温古雷纳山附近没有部队。少校想听听我关于这件事的想法。

我觉得敌人不太可能会在晚上发动对科什纳山和温古雷纳山的攻击，他们最早也会等到黎明。我们现在有5个营，有希望守住科什纳山和温古雷纳山，而守住这里对整个战局有至关重要的作用。我觉得无论什么时候，我们都不能只凭战报就将我们用鲜血换来的阵地拱手让出。"

我建议部队立刻进行重组。"山地营负责科什纳山、司令部山、674高地以及他们之间的山脊的防御。其他营要死守674高地和温古雷纳山之间的阵地。所有单位的侦察和警戒部队都要往斯勒尼克山谷靠拢。"

对于山地营的部署安排如下：

让一个加强排加入机枪组，构成战斗前哨，占领科什纳山南部，要躲开主峰往东南方向和东面派出侦察兵。再派一个排和一个重机枪排占领司令部山头，阻止敌人往科什纳山主峰前进。派一支步兵连占领科什纳山和674高地之间向北侧延伸的两个山脊，并派出侦察兵和警戒部队。剩下的部队在司令部山头西南方向集合，由指挥官集中调配。

斯普罗瑟少校觉得这些山地都是我打下来的，就应该由我来负责防御，所以他接受了我的建议。形势逼人，再加上我对山地营全体官兵的命运非常担心，任务虽然异常艰巨，但我还是接受了这个挑战。

重组部队的命令立刻就得到了执行。我负责指挥符腾堡山地营的1连、2连、3连、5连以及第6步枪连、第3机枪连，第11预备团的第3连和配给该连的6挺重机枪。

军团的指挥部正在往温古雷纳东北方向1英里处山脊公路弯道旁边的橡树林撤退。我和连里的军官详细讨论了整个战局，尤其是符腾堡山地营的任务，随后下了几道命令。

3连立刻从科什纳山去到司令部山，而且要抽调一个排，卸掉背包，从11预备团3连配备6挺轻机枪，接替1连的任务。这个加强排要占领树木茂盛的南侧山脊，对科什纳山东边的敌军阵地进行观察。如果遇到敌人的进攻，要尽力守住阵地，除非被包围了，否则不许向司令部山头撤退。我稍后会直接向排长发出命令。

3连的另一个排和阿尔布雷克特的重机枪排在司令部山头修筑工事，用火力掩护科什纳山和西坡阵地。他们的任务是阻止敌人在白天通过科什纳山，威胁我军左侧的前哨阵地。

2连要占领司令部山北边700码处的俄军占领的山头，往斯勒尼克山谷派出侦察兵，晚上让侦察小队和前哨阵地保持联系。而且2连要在科什纳山的西北坡生起一堆篝火，引诱敌人朝那儿开枪，篝火整晚都不能熄灭。

拥有重机枪排的5连要占领距离674高地东北方半英里的山头，修建环形工事，同样向斯勒尼克山谷派出侦察小队，和2连、674高地、皮西奥鲁尔地区的友军要一直保持联系。为了迷惑敌人，吸引炮兵的火力，他们同样要整晚都保持司令部山西北坡洼地上的篝火不会熄灭。

3连的一个排、阿尔丁格的机枪排、符腾堡山地营的1连和6连，还有第11预备步兵团的3连要驻守在司令部山头西南侧0.25英里的地方，担任预备队，往格罗泽斯蒂方向派出侦察兵和警戒部队。具体的命令稍后会以书面形式送达。

我的指挥所位于司令部山头西边60码的地方。通信排会将连接前哨阵地、2连和5连的电话线铺设好。

我手下的军官将我的命令传达下去，然后就各自开始做战前准备了。符腾堡山地营跟着巴伐利亚营和匈牙利国防师往后撤退。我们没有时间睡觉，每项命令都必须被完整地传达，精准地执行。各个部队用了3个小时才进入新阵地。科什纳山和司令部山的篝火也都烧起来了。我们之间的联络线也建立起来了。预备部队在他们挖好的战壕里休息。侦察小分队暂时还没有报告敌情。

第七章　持续在科什纳山附近进攻与防御

我的参谋部成员包括我的副官舒斯中尉和我的事务官维尔纳。快到凌晨5点时，炮兵观察员和匈牙利的泽德勒中尉都到了。太阳刚刚升起，我们就到了阿尔格伊的排的驻地。阿尔格伊按照命令把他的排布置在科什纳主峰向南延伸的山脊上。

阵地的侧翼在距离主峰南侧200码的浓密树林的边缘。罗马尼亚人的阵地在浓雾中时隐时现，阵地纵深约有半英里，山脊有350英尺宽。我们甚至可以看到敌军头盔上的反光，但他们并没有朝我们开枪。我们一夜没睡，现在躺在刚挖好的坑里面休息，留下哨兵监视敌人的一举一动。这个排的斜坡东侧非常陡峭，西侧是高大的树木，却少有能掩护的灌木。

第三节　生命不止，战斗不息

我和炮兵观察员商量用密集的炮火对敌人发射干扰炮，这时，四面八方的哨兵都过来报告："罗马尼亚人呈散兵线队形离开了阵地，正朝着科什纳山杀过来。"不久后，罗马尼亚的机枪就朝着山脊猛烈地开火了，重型炮也对着司令部山头一通轰炸。

我接通了我军炮兵的电话，让他们对罗马尼亚在科什纳山东边的阵地进行干扰性炮击，越来越多的敌军正从那里过来。这时又有报告说："有一队驻扎在敌军前哨阵地的敌军正从我们右侧往山脊上攀登。"手榴弹爆炸的声音、卡宾枪和机枪的射击声不断地在我们周围环绕着，这些证明着这个报告的真实可信性。

我们忽视了对东侧陡坡的防御，很快就付出了代价。我给3连的预备排和阿尔丁格的机枪排打电话，让他们以最快的速度增援前哨阵地，随后又命令炮兵用密集的炮火对该地区实施轰炸。我亲自到前线侦察了一番，发现所有的罗马尼亚人都找到了合适的位置，正在从侧面向我们的前哨开火。

敌人的正面进攻都被我们打退了，我们的炮兵狠狠地轰击了罗马尼亚在斜坡上的增援队伍。司令部山头的重机枪和步枪让他们没法穿过山顶，也没法去往科什纳山的西北方向。我们的火力保住了左翼的前哨阵地。

我让技术军士阿尔戈不惜一切代价守住阵地，等待援兵的到来。我用最快速度去催促援军。司令部山头还在承受着炮火的攻击，我在那里碰到了两个正在加速赶去支援的排。枪炮的声音越来越大，我现在只有祈祷阿尔戈能够守住阵地了。

我在司令部山头和科什纳山之间遇到了配属于阿尔戈排的第11预备团3连的几个机枪小分队。前面的战况把他们吓坏了，我训斥了他们，然后让他们暂时先跟着我。

阿尔戈的整个排在山口东侧100码的地方正朝我们过来。阿尔戈报告说，罗马尼亚人在山坡上的尸体已经堆成了小山，右侧的火力太猛了，他只能放弃阵地了。

我没料到科什纳山这么轻易就落入了敌人手中，于是马上组织部队进行反击。阿尔丁格带着两挺重机枪，冒着枪林弹雨到了右侧树林的阵地中，去守卫阿尔戈排正在守护的山脊。同时，我们向敌人冲锋，让山脊上的敌人措手不及。我们将他们往东边赶，再乘胜追击，把右边一个陡峭的高地也夺了回来。

但罗马尼亚人非常顽强，并没有退缩。我清楚地听到敌军的指挥官在下

第七章　持续在科什纳山附近进攻与防御

面的山坡上发号施令的声音，四周瞬间有无数手榴弹一起爆炸。山坡很陡，我们下方125码左右的罗马尼亚人早有准备，我们的手榴弹没能炸到敌人，而是在稍远一些的地方爆炸了。

现在如果要使用卡宾枪，我们的头和肩膀肯定会暴露在外面，在这么近的距离作战不是个明智的选择。我们的伤亡人数不断上升，伦次医生忙得脚不沾地。

山地部队里面的每个战士都非常英勇，很多伤员刚刚被包扎好又重新冲上战场和敌人进行殊死搏斗。在我军猛烈的反击之下，罗马尼亚人在山脊上的所有据点都被我们抢回来了。战斗异常艰苦，持续了好几个小时。伤亡人数不断增加，我们的弹药越来越少，可是敌人对司令部山头的轰炸却越来越猛烈了。

司令部山头和前哨阵地之间的电话线被炸断了。现在这种情况下，如果想守住前哨阵地，就必须立刻增兵和增加弹药供给。因为没法用电话联络，但是又必须尽快增援，我便让3连连长斯特莱切中尉暂代指挥，命令他们在我回来之前，要不惜一切代价守住阵地。

3连的一个排和阿尔布雷克特的重机枪排差不多快把子弹用光了，他们的对手已经进入了科什纳山，对左翼的前哨阵地垂涎三尺。预备连（符腾堡山地营1连、3连、6连以及第11步兵预备团）已经主动出击，占领了司令部山的南坡，大量的敌人正从格罗兹斯蒂峡谷往司令部山头前进。

我正要把预备队派出去，却得到消息说很多罗马尼亚士兵正在从南北两个方向往司令部山头和科什纳山之间的山口前进，前哨阵地已经放弃了科什纳山，正在往司令部山头撤退。接下来的几分钟时间我手下再无兵可调动，司令部山头的战斗声音越来越大，敌人利用自己的兵力优势朝小山头冲过来，3连被迫撤退。

他们把尸体和受伤的战友都带回来了。他们不愿意让任何一个战友落到敌人手里。3连的手榴弹和机枪弹药已经打光了，卡宾枪也几乎没有子弹了，敌人从侧翼围过来，我们随时都有全军覆没的危险。

没有弹药的我们要怎么抵挡不断冲锋的罗马尼亚人啊！重机枪手的子弹用完后，只能用手枪和手榴弹来坚守阵地了，我甚至把参谋部的几个通信兵安排在了危险的地方。整个前线的战斗非常激烈。我在树林的洼地里还发现了一大批罗马尼亚人，就用电话告诉2连和3连要小心侧翼和后面的敌人。

所有的地方都陷入了战火，根本不可能撤退了。如果司令部山头上守军的子弹也全都用完了，我无法想象会有什么后果。如果制高点落到敌人手里，整个部队的防线都会坍塌。我们不能允许这种情形发生。

幸好我们和总部之间的电话还能打通，我向上级报告了现在的危机态势，要求他们立刻进行增援。我反复强调我们现在的形势已经命悬一线了。接下来的半个小时，我就像热锅上的蚂蚁，急不可耐，幸好在最后关头，巴伐利亚第18预备团的11连和12连，还有1个重机枪排终于来了。配属重机枪排的12连被安排在了司令部山头的阵地上，我让11连部署在司令部山头西侧300码的山坡上，我们的指挥所也在那儿，从那儿可以看到整个战场。

我命令预备队往前线运子弹和手榴弹。所有没有参与战斗的人都开始挖工事。科什纳山制高点上的机枪火力让司令部山头和山脊上的队伍难以应付。我将阿尔丁格的重机枪排撤了下来，让他们镇守在指挥部附近的地区。我另外还设置了一个弹药补给点，让弹药可以及时送到士兵们手里。

第七章　持续在科什纳山附近进攻与防御

第四节　最后的倔强

司令部山头的战斗持续了好几个小时。敌人不断组织新生力量向我们单薄的防线冲锋。罗马尼亚人的炮火都集中在司令部山头西边的斜坡上，想要切断我们和前线的联系。巴伐利亚团和符腾堡山地营依然死守阵地。我们的炮兵超常发挥，让罗马尼亚士兵伤亡惨重。

为了消灭司令部山头西北半英里洼地处的敌人，我让几个炮兵连一齐对准那里开火。炮兵辅助作战的任务完成得很好，但我们仍然需要前线观察员，还有和炮兵阵地沟通的电话线。

中午时，司令部山头的阵地前沿就像一个乱葬岗，到处都是罗马尼亚伤员。第18预备团的12连也伤亡惨重，我只能从11连抽调一些士兵进行补充。我还从11连调了一些人来补充山地营2连的缺口。

我在司令部山头前面只布置了少量兵力，将反攻的重兵安排在敌人威胁更大的地区——敌人可能会将那里作为突破口。这种排兵布阵的方法可以更好地利用地形。

下午，第18预备团10连也赶过来增援。我让手下从司令部山到指挥所挖一条交通壕。罗马尼亚人现在把进攻重点放在了俄国人占领的山头上。休格尔排已经经过重新组织，全方位阻击来自东边和北边的比他们多十倍的敌人。敌人当然不会这样善罢甘休，多次想夺回这个他们花了好几个星期才修好的阵地。他们轮番向休格尔排所在的西侧进攻，但都被阿尔丁格的重机枪排给打退了。2连守住了阵地。

战斗进入了白热化，我们一直打到了晚上。我第三次命令向前线运送弹药。我们在防御战中还用了305毫米口径的大炮,透过大炮产生的浓烟,我们看到越来越多的罗马尼亚人从科什纳山上下来,向着我方阵地冲过来。2连说他们伤亡严重,只能先从俄国人占领的山头上撤下来。

我命令两个重机枪排准备把火力全都射向俄国人占领的山头。然后让2连以最快速度撤下来。果然,我们一撤退,敌人全部冲向山头,同一时间,重机枪排火力扫射,敌人纷纷倒地。幸存下来的敌人慌忙逃离了那个陷阱,2连趁机重新夺回了阵地,也算是让我们有了个喘息的机会。

我们几个小时前看到的在司令部山头西北半英里洼地中的敌人正往南坡过来。我们早有准备,用炮火将他们又赶进了洼地的树林中。2连、12连、5连的步枪和机枪一起发射,都没用上3个重机枪排。

前线不断地有消息传过来,四处都需要火力支援,我的副官和事务官四处奔波,给部队提供弹药和粮食,还要向斯普罗瑟少校的指挥所报告最新情况。通信兵在前沿阵地和指挥所之间架设了两条电话线。这时的通信兵还要抢修电话线,敌人一直觊觎着这些区域,机枪和大炮一刻不停地朝这些地方射击,通信兵的危险可想而知。

虽然伤亡很大,罗马尼亚人的进攻也一直没有停下来,但他们没能往前推进一步。天黑后,战场上的炮火声渐渐小了,因为疼痛而发出的叫喊声却一直没停。我们想用担架将这些伤员抬回来,但敌人连这个机会都不给我们。

我觉得敌人会在8月14号用更猛烈的炮火轰炸我们的阵地,还会重新组织步兵冲锋。我们再也承受不住13号这样的损失了。所以我让各连队连夜加固阵地,加强防御。一些连长和排长缺乏类似的实战经验,我就把主要的防御阵地给他们画了出来,讲解该如何构建防御工事。

第七章 持续在科什纳山附近进攻与防御

我要求各阵地必须在今天晚上将火力覆盖区域清理完毕,再安排好步枪和重机枪的掩体——因为敌人在科什纳山制高点的火力可以覆盖我军所有阵地。第223工兵连赶来支援,司令部山头的工事就交给他们了。

快到午夜时,防线加固的任务才具体分配下去,但立刻得到了执行。我到指挥所时已经是半夜了,一顿热饭总算让我恢复了些许元气。现在还有很多伤员需要照顾,弹药需要在天亮前送到各连队,今天晚上又是一个不眠夜。通信排在火炮阵地的中央和指挥所之间架设电话线,13号的战况报告也要上交给斯普罗瑟少校。

我们终于在凌晨4点完成了所有的工作。我本想睡一觉,但实在太冷了,睡不着。趁这个时间,我带着维尔纳中尉去检查夜间工作的完成情况。我已经5天没有脱掉靴子了,现在脚肿得厉害,连左臂的绷带也没有时间换,外套和裤子上沾满了血。我实在累得不行了,但"责任"这两个字还像大山一样压在我的肩上,我不可能扔下这一切去医院。

8月14日清晨,一支匈牙利国防连带着轻机枪过来支援,我让他们顶替1连和3连,然后将这两个连队放在指挥所西侧当预备队。第18预备团的11连和12连负责司令部山头和山脊公路上的阵地。我将第18预备团的10连部署在俄国山头西侧300码的树林里,让他们负责去往斯勒尼克山谷的北边和西北方向的警戒工作。现在所有的准备都做好了,就等着战斗打响。

整个上午,罗马尼亚大炮不断地向司令部山头、山脊公路和俄国山头的阵地狂轰滥炸。士兵们都在忙着加固工事,希望能抵挡住罗马尼亚人可能会在中午发起的总攻。

负责驻守俄国山头的2连在罗马尼亚军团的攻击下损失惨重,那些大炮就部署在距离他们1英里外的开阔地区。我们防区一个炮兵观察员都没有,于是我们把这个新发现报告给了橡树林里的炮兵指挥所。虽然我们想了各种方法攻击敌军这个炮兵阵地,但都没有成功。

敌人加强了科什纳山西坡的防守兵力,他们的伤员还在我方面前呻吟。我军8月14日的损失不算太大,15日也没什么事。我就用这段时间找了两个会制图的人绘制了科什纳山的草图,并制订了比例尺为1比5000的坐标方格。我给炮兵指挥所送去了副本,他们很快也做了副本,给各个炮兵连的连长和观察员送去。

我们根据地图上的坐标方格可以更容易和准确地调整对山地和林地的打击范围,之前单纯地依据地图,我们很难选择具体目标。例如,我会这样命令炮兵:"向65和66方格实施密集火炮轰炸。"如果火炮的攻击在该区域外,我只需要说:"65和66的密集火炮轰炸位置改为74和75方格。"这样就可以迅速而又精准地命令火炮轰炸指定区域。我们和各个连队之间的情报交流也会变得简便许多,只需要说:"罗马尼亚的炮兵在234a方格。"

8月15日晚上,沃勒中尉带着迫击炮到了这里,连夜完成了侦察任务,还将迫击炮的阵地都安排好了。我已经一个星期没有休息了,所以现在由戈斯勒上尉暂代我指挥,但我仍然是这支部队的最高指挥官。下午,4连也赶过来支援了,我们现在有16个半连了,比一整个团的人都多。

第11预备团在我们的右侧,我们左边的防御还是有漏洞。旅部想把战线连成一片,但兵力不足,只能放弃。要守住斯勒尼克山谷需要大量的兵力。

8月16号,天气热得让人连呼吸都很困难,接着山谷电闪雷鸣,大雨降了下来。参谋部的人和预备队都跑到指挥所西边避雨,那里之前是罗马尼亚人的阵地,但没过多久,那里也积满了水,他们只能撤离。其他部队的士兵都淋成了落汤鸡。

这时，大大小小的炮弹呼啸而来，声音将雷声都盖了过去。步枪、机枪和手榴弹爆炸的声音从四面八方响起来。罗马尼亚人这是要在暴风雨中打我们一个猝不及防！我现在都不知道前线的阵地还在不在我们手上。雨点重重地打在我们的脸上，能见度最多几码。我要等到前线的报告传回来再决定什么时候行动吗？不！马上行动！

司令部山头是这场战斗的关键，我和6连到了山头的西侧，他们已经上好了刺刀，准备反击。我们的炮兵朝罗马尼亚人的进攻部队猛烈地开火。我和我的参谋部，还有防区之间用电话联系。最终，罗马尼亚人的进攻都以失败告终。天黑了，双方在大雨里结束了今天的战斗。损失惨重的敌人再次从我们的阵地上撤退了。

我在战斗结束后回到了指挥所，发现之前搭好的帐篷早就被炸飞了。我只能把指挥所往右移了300码。罗马尼亚战俘们给我们生好了火，我们在那儿烤湿衣服，大家的精神都还不错。

第五节　二次进攻科什纳山的准备

经过几天的努力奋战，我军左侧的匈牙利第70国防师成功地向斯勒尼克山谷北边推进了防线。8月18日，他们沿着奥兹托兹和斯勒尼克山谷的两边继续进攻，并按照我们之前商量的计划再次攻打科什纳山，夺取东侧的阵地。上级希望这次战斗能够有所突破。

为了拿下科什纳山，指挥部让马德隆军团（第22预备步兵团）到战线右侧，斯普罗瑟军团（符腾堡山地营、1营、第18步兵团）到战线左侧。8月17日，我接到上级的命令，要完成斯普罗瑟军团先头部队的进攻准备，还要向马德隆军团的营团级指挥官分析其要进攻的地形。我这一整天都是站着完成任务的。

刚到指挥所我就接到报告，罗马尼亚军对我们进行了猛烈的炮火攻击，然后沿着斯勒尼克山谷向皮西奥鲁尔发起了进攻，朝着我军阵地左右两侧来了。第18巴伐利亚步兵团尽力对他们进行阻击，但仔细听那边的声音，我判断罗马尼亚人的进攻已经取得了阶段性的胜利。

我军的两侧和后方都受到了威胁，我怕敌人会把我们分割包围，于是赶快让预备队赶到674高地附近，先藏在灌木丛里，准备反击工作。指挥所的电话恢复了，我接到了司令部的通知，巴伐利亚步兵团已经将敌人打退了。我的预备队派不上用场了。

进攻科什纳山的计划向后推迟了一天。8月17日到18日晚上，其他部队接替了我们在防区右边的部队，我的部队转移到了二线休息。8月18日，2连和第18步兵团一起消灭了俄国人占领的山头北边600码山脊上的敌人。在连绵不断的小雨中，我和德国、奥地利的炮兵观察员在俄国人占领的侦察了一天，想要完善8月19日进攻科什纳山北侧炮兵的支援计划。

8月19日天亮前，斯普罗瑟军团突击队在司令部山头西北部的沟里重组。我指挥的部队包括1连、4连、5连、第2机枪连、第3机枪连、1支突击队和1个工兵排。戈斯勒上尉在二线指挥2连、6连和第1机枪连。斯普罗瑟军团还有1营和第18步兵团。

我带领部队在俄国人占领的山头西边的灌木丛和小树林里集合，其他部队在更远的地方集结。敌军在科什纳山顶朝向491高地的山脊上建起了连绵

第七章 持续在科什纳山附近进攻与防御

不断的战壕，前面还搭起了各种障碍物。我用望远镜可以隐约看到他们的阵地和障碍物。

我接到命令，我们要在一个小时的炮火轰炸后夺下这块阵地。如果任务完成，就再进行一个小时的炮火轰炸，帮我们拿下科什纳山顶东侧半英里的阵地。我们8月13日的时候就为了这块阵地和敌人展开过激烈的战斗。我打算击破科什纳山的阵地之后，将阵地稍微向前推进一些，然后调整炮火方向，对第2块罗马尼亚阵地发起进攻。

8月19日天气很好。科什纳山那天早上没有爆发战斗，我军的突击队已经在附近的灌木丛中就位了。快6点时，我向5连的技术军士弗里德尔讲述了我的进攻方案，又派他带领10名士兵和1个电话班去执行任务：弗里德尔侦察班利用灌木和洼地作掩护，从俄国人占领的山头出发，向东穿过山沟，到我手指的方向的山谷突破口，侦察附近的障碍物情况。侦察班通过电话班随时汇报情况。我让弗里德尔用高倍望远镜看目标位置，又给他比画了到那里去的最佳途径。

半小时后，弗里德尔侦察班开始攀爬科什纳山西坡。同时，我发现罗马尼亚哨兵躲在突破点附近的战壕中。我用电话将这一情况告诉了弗里德尔，并随时告诉他们和敌军阵地的距离，到达位置所需的时间，并引导他们朝突破口直线行进。他们很快就到了敌军设置的障碍处。

战壕里的罗马尼亚士兵察觉到了侦察班的行动，变得紧张起来。我让侦察班从障碍区后撤200码，同时让沃勒中尉的迫击炮连从我军后方向突破口开火。炮弹在罗马尼亚哨兵附近爆炸，他们有的就地卧倒，有的跑向安全区域。我让弗里德尔在距离炮击处50码的地方另找一条路。弗里德尔小队在没有敌人干扰的情况下很快就完成了任务。

我们计划在11点开始炮火轰炸。9点时，我们沿着弗里德尔走过的路前进。俄国人占领的山头和东侧山沟之间的山坡整个都在阳光的照射之下，也没有灌木丛可以遮挡我们这群人，敌人很快就发现了我们。士兵们尽量快速前进，将彼此之间的距离也拉大了，但还是有几名士兵牺牲在敌人的机枪火力下。科什纳山的西坡是拱形的，另外一边的部队在敌人的盲区里，因此还没有遭到敌军的火力骚扰。

我带着先头部队到弗里德尔的位置时，敌军障碍区只剩下最后几道铁丝网了。沃勒中尉在俄国人占领的山头观察敌军阵地的情况，我们在前进的过程中，他不断地向我们通报敌军阵地的各种变动。他还要执行我的命令，不时地向敌军阵地发射几枚干扰炮弹。

我带着队伍赶到突破口外50码处，而且一直在观察有没有可能从更近的地方发起进攻。戈斯勒的部队正在我们右侧的山沟向上移动。现在已经是10点半了，1营和第18步兵团还在路上。我必须加快进攻的准备，因为我想等炮声一结束就立刻进攻。

第2机枪连和5连的1个排要假装攻击来分散敌军的注意力，将他们牵制住。主攻部队在战友的掩护下匍匐前进，没有命令不能随便开火。主攻部队的左翼在障碍区的缺口上方。主攻部队一开火，弗里德尔突击班就穿过铁丝网，攻进去封锁突破口的两侧。我带5连其他排、勒兹中尉的重机枪连和其他各部紧跟弗里德尔的部队。突破防线后，我带5连向前冲夺取东北方向的山脊，暂时不扩大两侧范围。第3机枪连、1连、4连、突击小组和工兵排紧跟着我。

我让勒兹的重机枪连在突破口压制上坡和下坡处的敌军，其他各部暂时不动。夺取阵地后，佯攻部队紧跟着我们进入阵地。我让戈斯勒上尉的部队

第七章　持续在科什纳山附近进攻与防御

也跟着我们。第18步兵团1营负责消灭科什纳山从突破口到491高地两边的敌人，他们团里的其他营做预备队。

我们还没有完成进攻前的准备，炮兵就开始向科什纳山发起了猛攻，负责扩大战果的部队也没到达指定位置。但是我们的炮弹将泥土和灌木炸得四处乱飞，这让兄弟们很开心，因为他们感受到了强有力的支援。

第六节　开始进攻！

我军的大炮按照之前计划好的，避开突破口开炮。5分钟后，我向部队发出了进攻信号。

我们开始猛烈地射击，弗里德尔突击队只用了几分钟的时间就穿过障碍区，进入了敌人阵地。先头部队随即开始行动。手榴弹的巨响盖过了主攻部队的枪声。我们在浓烟中冲到了敌人的战壕里。

突击队英勇异常，弗里德尔冲到队伍的最前面，不幸被罗马尼亚骑兵队长的手枪击中身亡了。大家都想着要为战友报仇，更加英勇地上阵杀敌，结果大获全胜，俘虏了杀死弗里德尔的骑兵队长和另外10名士兵。

突击队兵分两路将突破口左右两侧封锁住。我带领队伍在最前面到达敌军战壕。我们右侧的敌人还没有放弃抵抗。他们被前面的灌木丛和地形挡住了视线，没有发现我们已经进入了阵地，也没发现防线缺口。我们一个连接一个连地进入敌军的阵地。

阵地上的场面非常混乱，手榴弹到处乱扔，步枪和机枪来回扫射，大炮在我们身边爆炸。突击队在阵地上撕开了一个40码宽的缺口并将两侧都封锁了。我们可以轻易地消灭坡下的敌军，但还是按原计划将那里留给了后续部队解决。

5连已经按照原计划穿过了灌木丛，向东北方向的山脊冲过去。勒兹中尉带领重机枪排不断地向敌军扫射，掩护5连深入敌军主阵地。我的副官向军团报告了我们成功突破的好消息，并且请求将炮火瞄准斯普罗瑟军团负责的科什纳山东部地区。

我们进入敌军防御地带，打败了罗马尼亚预备队，俘虏了100多名士兵，剩下的士兵都手忙脚乱地逃走了。我们乘胜追击，几颗305口径的炮弹在我们身边爆炸了，留下了几个能装下我们整个连队的大弹坑。虽然这些炮弹没有伤到我们，但我们还是有点儿害怕。

我们又向前走了大概0.25英里，在一座山上看到下一个进攻目标在我们脚下700码的地方。我方的炮弹落在我们前面的山沟里，几个罗马尼亚人吓得后退了。我命令一个重机枪排向山沟里的敌军开火，剩下的人到山沟中追敌人。我们一直带着电话，我用电话请求炮兵轰击75、76、74、73、72、62、52和42方格的位置。我希望可以按照原计划，在炮轰后马上向敌军的第二道防线进攻。可是情况发生了变化！

我向上级请求了火力支援，很快，炮弹就落在了山沟里。加上我们的几挺重机枪向罗马尼亚士兵的猛烈扫射，敌人匆忙顺着灌木丛向新阵地撤退。近距离的猛烈攻击给罗马尼亚士兵造成了非常严重的打击。我在考虑要不要趁乱占领敌军的第二道防线。虽然我们躲过了305毫米口径重炮的轰炸，但是待在原地很有可能会遭到我军炮火的误伤，还不如到前面去。

我们用最快的速度往山下跑。榴弹炮接连落在山沟里，我军的重机枪火

第七章 持续在科什纳山附近进攻与防御

力也压制着敌人，使他们不得不沿着障碍区中间的窄路退回第二道防线。我带领的先头部队很快追上了敌人。我们一心追击敌人，根本顾不上在我们周围爆炸的德军炮弹。敌人一心想着逃命，没有向我们发射一颗子弹，他们也不知道我们已经近在咫尺了。

周围到处都是死伤的罗马尼亚士兵。我们将重机枪火力转向左侧，部队迅速穿过了障碍区，不一会儿就到了敌军阵地上。短暂的交火后，敌军放弃阵地逃走了。连队接连赶过来，我下达命令："1连向东、5连向北、4连向南，分别扩大阵地160码后停止攻击，组织防御，侦察前线情况。"

几分钟后，各个连队都顺利完成了任务。4连面对的敌军最为顽强，他们数次发起反攻，想要夺回失去的阵地，但都无功而返，我们山地部队不会将得到的阵地再让出去的。北边、东边的敌军和山脊后的炮兵都在撤退。只有马德隆军团负责的区域还没有将敌人赶出去，敌军仍然顽强地守着科什纳山上的阵地。

我们右上方的敌人已经退守第二道防线了，反击失败后，他们不再固守阵地。在我们的前方和左翼，敌军的防御阵地也被撕开了一个大口子。只要动用预备队，我们就能轻松拿下敌军阵地。

我的通信部队和作战部队一样优秀、勇敢，多亏了他们，我们才连通了军团总指挥部的电话。我向军团报告了情况，请求调用所有预备队，并且停止对斯普罗瑟防区敌军第二道防线的炮击。我得知马德隆军团的任务尚未完成，但指挥部还是答应派出马德隆军团、1营和第18步兵团过来增援。

我必须安排好手下的士兵，敌人随时有可能从科什纳山或是南边地区向我们发起突袭。我让工兵排去加强4连阵地，4连则将战线向东扩展到了一个满是树木的山丘上。一个重机枪排正从这里向尼克瑞斯提附近的敌军炮兵扫射，距离大概有2800码，敌军的炮兵在扫射下只能跑出掩体，迅速逃离。

1连的侦察队穿过东边稀疏的树林，正在追赶撤退的敌军。北边的突击小队已经越过5连防线到达敌军阵地，并且还在向前推进。那个方向上两英里之外就是提古·奥纳，那里也在我们的射程范围内。这座小镇正在遭受炮火的轰炸，车站里的火车排成长龙，附近的汽车一眼望不到头。差不多再有30分钟，我们就能到小镇，切断这条为罗马尼亚部队提供补给的线路。

我着急地等着戈斯勒部队、1营和第18步兵团的到来。上级告诉我，他们已经出发了。可是过了很长时间，一个人都没有到这儿。我们的右后方不断地传来枪声，科什纳山还没有被攻破。我的部队现在已经俘虏了500多名敌人和几十挺机枪。攻下敌军第二道防线已经是两个小时之前的事情了，北边的罗马尼亚军从惊吓中回过神来，开始反击。

同时，沙图·诺的炮兵向4连发射了几百枚炮弹，幸好多数炮弹射得过远，到科什纳北坡才爆炸，对我们没有什么伤害。南边的敌军虽然暂时还没有反击，但他们的机枪火力很猛，无论是在前线阵地，还是在交通壕里，我们都要小心再小心。4连的阵地上又开始了几场手榴弹战，好在敌人从手榴弹战里还是没有占到好处。

下午4点，戈斯勒部队终于赶到了我们这儿。就在这时，罗马尼亚人从北边向我们发起了猛烈的进攻，我们只能派出6连去填补1连和5连之间的空隙。预备队还没有全数到达，我们没法向山谷发起进攻。经过一番肉搏战，我们终于击退了敌人的进攻。

下午6点半，马德隆军团拿下了科什纳山，他们一路向东，穿过山谷向第二道防线进攻。

快天黑时，我们发现尼克瑞斯提附近有大量的罗马尼亚步兵在向后方运

第七章 持续在科什纳山附近进攻与防御

动。这时，几辆火车从提古·奥纳向东出发了。第22预备步兵团左翼夺取了692高地上的罗马尼亚阵地，我们刚刚和他们取得了联系。为了能在第二天突破敌军防线，到达平原，我将部队布置在向东突出的前哨线上，又让侦察队尽可能地接近尼克瑞斯提。5连和6连还在我们北边和敌人战斗。

从凌晨到午夜，我一直都忙着为部队准备粮食、运弹药、写报告。这些都做好之后，我终于和戈斯勒上尉在一个帐篷里睡了一个安稳觉。

第七节 再次进入防御战

8月20日凌晨3点，敌军的炮兵不断地向科什纳山轰炸，科什纳的战役再次打响。无数炮弹落在我们的指挥所和预备队附近，我们只能转移阵地，向山顶北边半英里的地方寻求隐蔽。罗马尼亚军不知道我们已经撤离了，还不断地加强火力向那里炮击，很快就把那里炸平了。幸亏我们只在那里留了几个士兵，所以没有损失什么。

早上7点，敌军向1连的方向前进，尼克瑞斯提附近的山沟里很快就到处都是罗马尼亚士兵了。驻守在北边的6连报告说，他们那个区域的敌人正在做进攻准备。我确定了，敌人是要试图夺回前一天失守的阵地。我们要转攻为守了。

我们阵地的北侧没有任何遮挡，要堵住那里的缺口首先要建立起一条连续的防线。我决定放弃罗马尼亚人以前的阵地，敌人整个早上都在朝那里狂轰滥炸，那里建立的工事几乎全都毁掉了，而且敌人对那里了如指掌。如果我们坚持使用旧阵地，就等于是自寻死路。罗马尼亚大军即将发起进攻，我们时间少、任务重，但我还是冷静地决定将前坡阵地转移到东边的树林里来。

我命令1连前哨尽力拖住敌人，剩下的人开始修筑工事。这里的泥土很松软，挖起来非常轻松，预备队也过来帮忙修工事和交通壕。前哨部队不得不撤退时，这里已经修好了。罗马尼亚军队首次发起的进攻被我们轻松击退。敌人失败后，到50码外的地方重修工事。他们的炮兵试图轰击我们的前坡阵地，但又怕伤到自己人，只能算了，将火力都集中到山脊上的旧阵地上。

我不担心东边的1连和4连，但北边和西边的缺口太大，形势有些严峻。

第18巴伐利亚预备步兵团1营在我们左侧科什纳东北坡一带驻防。罗马尼亚军顺着山沟往上爬，到了我军阵地后方。预备队中的3连只能去左翼填补5连和第18团1营之间的间隙。虽然敌人人数众多，但这里的地势易攻难守，今天的能见度又非常低，我们还是守住了阵地。

敌人的进攻一次比一次猛烈。天黑前，他们至少已经发动了20次进攻，每次进攻前还都会先用炮火轰击一会儿。敌人呈半圆形将我们围住，我只好将预备队全部调出。敌军炮兵向山脊轰炸，但我们的山地部队不为所动。和敌军相比，我们的损失要小得多，只有20名战友阵亡。

这几天的行动非常紧要，我的神经和身体持续保持着高度紧张的状态，终于有些受不住了，现在只能躺着给手下发布命令了。下午的情况更加糟糕，我发了高烧，嘴里开始说胡话。我知道自己已经没法再在前线指挥了。晚上我把指挥权交给了戈斯勒上尉，并且和他讨论了战况。天黑后，我沿着科什纳山走回了司令部山头西南侧0.25英里的军团指挥所。

罗马尼亚人不断地进攻，但符腾堡山地营丝毫没有畏惧，一直坚守着阵

第七章　持续在科什纳山附近进攻与防御

地。8月25日,第11预备步兵团接替了我们负责防御任务,符腾堡山地营转移到了阵地后方担任预备队。

我们的新部队在科什纳山上的战斗中伤亡惨重。不到两个星期,500名士兵身受重伤,60名战士牺牲了。虽然没能很好地完成预想中的任务,也没能消灭南侧的敌军,但面对装备精良的敌军,我们的山地部队仍然在每次任务中都占据着优势。只要一回想起和山地部队并肩作战的日子,我的内心就充满了喜悦,并为战士们而感到自豪。

科什纳山的苦战过后,我在波罗的海的海边过了几周悠闲的日子,令全身心都放松了的假期让我精神焕发。

第八章

进攻托勒敏

第一节　备战安排

10月初，符腾堡山地步兵营从马其顿到了美丽的克恩滕村。我在这里重新获得了部队的指挥权。在科什纳战斗中损失的人员也得到了补充。部队还配备了新型轻机枪，步兵连的火力有了大幅度提升。但我们短暂的休息时间都放在了对新武器的使用训练上。

1915年5月，意大利刚参战的时候就将里雅斯特设定为主要攻击目标了。近两年，伊松佐河下游经历了数十场战役。奥地利军惨败，一步步被意军逼退。第六次战役中，意军在戈里齐亚附近占领了伊松佐河东岸，并以此为据点占领了整个城市。

1917年8月，第11次伊松佐战役爆发。意军的指挥官卢易吉·卡多纳将军延续了之前的作战方式。50个师在500门大炮的支援下向戈里齐亚和大海之间的狭长地带前进。奥军在这次战役中表现出前所未有的英勇，意军意外失败，但是第二阶段，意军成功地越过伊松佐河中段，占领了贝恩西查高原。

盟军和敌人进行了殊死搏斗，最后终于成功阻挡了他们的攻势。意军一直都在疯狂地进攻，卡多纳将军又开始准备第12次伊松佐战役了。意军的新阵地在伊松佐河东岸，他们在这里准备好了下次战役需要用到的物资。

第八章　进攻托勒敏

奥军向德国求助。虽然西线战场牵制住了德国的大量兵力，但最高指挥部还是派了7个师去支援奥地利。德奥联军会在伊松佐河上游发起进攻，扭转不利局面。联军的目标是在这场战役中将意军赶出奥匈帝国边境，并尽可能跨过塔利亚门托。

符腾堡山地营被编进了隶属于阿尔卑斯山地部队的第14集团军。10月18日，我们从克拉尼附近出发，朝前线走去。斯普罗瑟少校带着符腾堡山地营和第4榴弹炮分队，一路经过毕修夫拉克、萨利洛格、波德波尔多向克内查前进，10月21号抵达了目的地。

为了躲避敌军的空中侦察，我们只在夜间赶路，天一亮，士兵和马匹就都要藏起来，这种感觉很不好。部队不止在夜间行军，而且还缺衣少粮，这些都在磨炼士兵们的意志。

我手下的部队有3个山地连和1个机枪连，我和参谋部的人走在前面带路。克内查在托勒敏战场东侧约5英里处。10月21日下午，斯普罗瑟少校带着各分队指挥官侦察了我们一会儿要集合的地点——就在托勒敏南方1英里布泽恩尼卡山向伊松佐倾斜的北坡上。

要把拥有11个连的营部安排在这么崎岖的地方困难重重，就只有全是碎石的岩堆边坡和几条直通伊松佐河的陡峭溪谷能派上点儿用场，但是在托勒敏西北方向莫兹里制高点的敌军一眼就能看到布泽恩尼卡山的北坡。他们一旦轰击这片山地，石块就会像瀑布一样滚下来，我们要提前做好防御准备。

但我们除了待在这儿也没有别的办法了，附近的敌军兵力实在太多了。意军的炮兵向圣卢西亚和巴扎·迪·莫德雷雅附近的山谷发起了猛烈的轰击，为了安全起见，我们提前结束侦察，回到了营指挥部。谁都没想到的是，当天晚上，一名投敌的捷克叛徒带走了我们的地图和我们攻占托勒敏的作战命令。

10月22日到23日晚，我们营终于到了集结区域。意军在克罗夫拉特和耶日的制高点上安装了巨大的探照灯，把我们的路照得很亮，敌军的炮火肆意往我们身上招呼，让人眩晕的探照灯又把我们困在原地动弹不得。探照灯一挪开，我们就迅速穿过这片危险的区域。有优势的阵地显然已经被敌人占领了。

我们只能把驮马留在布泽恩尼卡山东坡上。午夜过后，我才带着部队到了集合地。走了这么远的路，大家都累坏了，但是我们还不能休息，要立刻开始挖战壕、寻找掩体。

我给手下分配了阵地。从军官到普通士兵，我们每个人都拼命工作着。天亮时，山坡才恢复平静。士兵们缩在被灌木和树枝掩藏得很好的散兵坑里睡觉。

但是这份平静只持续了不长时间。意军炮兵很快就对我们开始进行轰炸了，强劲的火力把碎石都震落了，炮弹爆炸发出巨大的响声。我想敌人可能知道了我们的位置，所以调整了他们炮击的区域。一旦敌人轰击这个陡峭的山坡，后果不堪设想。

敌人的炮火持续了几分钟就停了下来，15分钟后，他们又开始轰击另一处阵地。

意军的炮火集中在伊松佐山谷位置。我们今天见识到了意军大口径炮火的威力，它将托勒敏附近的军用设施和道路都炸毁了。而我们的炮兵只能偶尔开几炮，和敌军形成了鲜明的对比。我手里掌握着手下士兵的命，这让我感到非常不安，也真切体会到了什么叫作度日如年。

只要沿着隐蔽的小路往阵地西侧走几步，就可以看到敌人在山谷中的前沿阵地。这条防线从托勒敏西1.5英里处的敌军前线穿过伊松佐河，然后在圣丹尼尔东部沿着伊松佐河向南到沃尔兹查克最东端,它的铁丝网非常坚固。

意军的第二条防线应该是从托勒敏西北6英里处的塞利琴地区穿过伊松佐河,向南跨越赫夫尼克高地向耶日延伸。最坚固的是第三条防线,它建在伊松佐河南部的高地上,连接着马塔杰尔(1641)、莫兹里(1356)、葛洛毕、库克(1243)、(1192)无名高地和(1114)无名高地,并急转向卡拉布扎罗的西南方向,直奔胡姆山。我们是从航拍照片中知道这些的,据说在两条防线之间,还有些独立的坚固要塞。

第14集团军的安排是这样的:

克劳斯军团(包括第22帝国皇家步兵师、雪绒花师、第55帝国皇家步兵师和德国猎兵师)在弗里兹集合待命,准备越过萨迦去攻击斯托尔。

施泰因军团(包括第12步兵师、阿尔卑斯山地部队和第117步兵师)驻守托勒敏南侧的桥头堡阵地,作为这次战役的主攻部队。第12步兵师沿着伊松佐河的两岸山谷向卡夫锐特突袭。阿尔卑斯山地部队负责占领伊松佐南部高地的阵地,主攻目标为1114高地、库克和马塔杰尔。

贝雷尔军团(包括第200步兵师和第26步兵师)和施泰因军团的南部相连,主攻奇维达莱和圣马蒂诺的部队。

斯科蒂军团(包括第1帝国皇家步兵师和第5步兵师)在战线最南端,主攻耶日南部,夺取葛罗伯卡克和胡姆山。

阿尔卑斯山地部队巴伐利亚近卫步兵团和第1猎兵团接替奥地利军,驻守伊松佐北部的桥头堡前线阵地。

近卫步兵团主要负责攻打通往葛洛毕、路易科、科法克、赫夫尼克、1114高地和科洛弗拉特山脊的道路。

第1猎兵团从东南方向攻打沃尔兹查克西面的高地、732高地和1114高地。

符腾堡山地营负责掩护近卫步兵团的右翼，压制福尼附近的炮兵火力，随近卫步兵团向马塔杰尔转移。

快到10月23日晚上时，天气突然阴了下来。天黑后，驮马将粮食送到了集合地点。大家吃完饭就回到了散兵坑休息，为之后的恶战养足精神。凌晨时分，大雨突至，我们躲进了单人雨棚避雨。机会到了！

第二节　寻找攻击点

1917年10月24日凌晨2点，我军的炮兵终于开火了。漆黑的雨夜里，1000门大炮同时攻击托勒敏两侧的敌军阵地。炮弹击中了阵地，巨大的爆炸声在山谷中回响。看到这样的场景，士兵们都激动不已。

意军的探照灯穿不透密集的雨水，我们预想的敌军猛烈的反击火力也没有出现，敌军只有几个炮兵回应了我军的轰炸。我们放下心来，回到了掩体，静静地听我军的炮火慢慢平息。

破晓时，我们的炮兵增加了火力，将圣丹尼尔南部的敌军阵地夷为了平地，甚至整个阵地都被炮弹爆炸产生的烟雾给笼罩住，看不到了。我们的炮兵火力越来越猛，相比之下，敌人的反击就显得有些小巫见大巫了。

天亮后，符腾堡山地营冒着大雨出发了。斯普罗瑟军团参谋部在前面匆匆赶路，我带领部队在后面跟着，沿着乱石坡往下走，去往伊松佐。一下山，我们就跟着巴伐利亚近卫军兵团沿着伊松佐河的河岸继续行军。

有几枚炮弹落在我们附近，幸好没有造成人员伤亡。我们快走到前线时

第八章 进攻托勒敏

才停下来。大家都冻僵了，湿漉漉的衣服贴在身体上让我们难受极了。大家都希望准时开战，但时间过得那么慢。

离进攻只剩下15分钟了，我方的攻击炮火变得更加猛烈。在我们前边几百码的地方，整个敌军阵地都笼罩在水蒸气和灰色的烟雾中。

快到8点时，我们前面的突击小队朝敌人的方向冲了过去。整个战场乱糟糟的，敌人没有马上发现他们，所以没有做任何抵抗就把阵地给让出去了。我们以新占领的阵地为据点，做好了全面进攻的准备。

上午8点整，我们的炮兵和迫击炮火力持续猛攻敌军阵地。我们前面的近卫团也准备进攻了。我们紧紧跟在他们右侧，向敌军发起进攻，成功夺取了圣丹尼尔附近的阵地。在重炮的轰击过后还幸存的敌军高举双手向我们走了过来。

我们向前加速前进，想要横穿我们和赫夫尼克北坡之间的宽阔平原。虽然赫夫尼克东边的敌军不断向我们射击，但我军还是一边还击一边往前冲，跨越了这片开阔地带。

近卫团向赫夫尼克东坡移动，我们的目标是斯普罗瑟少校行进的东北坡方向。士兵们背着沉重的包、枪支和弹药，行进速度比较缓慢。

到了179高地附近后，我军的左翼部队被赫夫尼克山坡上的树木挡住了，所以没有受到敌军高地上的火力袭击。我的部队全都到达这片山坡后，斯普罗瑟少校命令部队沿着山坡上的小路向福尼前进，担任符腾堡山地营在赫夫尼克北坡的前哨部队。

技术军士赛特泽带着1连当整个营的尖兵。其他队伍跟着他们，彼此间保持着150码的距离。我和我的新副官施特来切中尉在几码外紧紧跟着尖兵部队。

我们沿着窄小又灌木丛生的小路前行。我从周围的痕迹判断，敌人没有发现过这条小路。小路两边的灌木丛很深。虽然已经是深秋，但是这片灌木丛的树枝上还长满了树叶，茂密的灌木丛将我们的视线都挡上了，我们几乎看不到外面的山谷。近卫团在我们后面，有时会传来我方炸弹爆炸的声音。但我们前面的山坡却安静得有些奇怪。不过没关系，我们已经做好了随时和敌军决一死战的准备了，我们没有支援，只能靠自己。

尖兵部队行进的过程非常小心，不时地会停下来听听周围的声音，确定安全后再接着走。已经做到万分小心的我们却还是没能躲过敌人的伏击。我们走到824高地东侧1000码处时，不远处的敌军突然用机枪扫射我们。前方坚固的铁丝网阵地中发现了敌人，尖兵部队有5人受伤。

如果没有炮兵的支援，要在密林陡坡小路两侧发起进攻，还要穿过敌军的坚固阵地几乎是不可能的，至少会付出非常惨重的代价。所以我想着到别处去碰碰运气。

目前还没有受伤的先头部队还在和敌军交火，我让1连中的另一支队伍做先头部队，命令他们沿着敌军阵地前面200码处的碎石沟翻过山坡往南走，从左翼和上方去包围敌人。我还向斯普罗瑟少校报告了我的计划。

沿着崎岖不平的道路往上走不是件容易的事。我和施特来切中尉跟在尖兵部队后40码处。重机枪组扛着机枪部件紧跟在我们身后。

这时，一块100磅重的大石头从我们头顶滚落。碎石沟只有10英尺宽，我们躲不开，也没地方藏身。只要被它撞到肯定会粉身碎骨，我们紧紧地贴着碎石沟的墙壁。大石头掉下来后直奔着山下滚去，没有伤到我们。

我们发现这块大石头坠落不是敌军干的，而是先头部队不小心碰到的。

我们继续往上走，又有一块大石头掉落下来，这次我没有那么幸运，大石头砸到了我的右脚，把鞋带都扯掉了，脚伤得很严重。我只能在两个士兵的搀扶下，忍着剧痛前行。

我们终于走出了那段碎石沟。大雨又在这个时候落下来了，把我们全都浇透了。部队在密集的灌木丛中前进，随时观察着周围的情况。

我们前面的树木渐渐变得稀疏。地图上显示，我们现在在824高地东边半英里处。我们小心翼翼地往森林边缘走，在那儿发现了一条向东侧山下延伸的隐秘小路。路的另一头是一个布满铁丝网的阵地，阵地一直向上延伸到莱伊泽峰。

这块阵地看起来好像无人看守，德军的炮火也没有轰击过这里。所以我决定让重机枪进行短暂的射击，森林边缘的左翼部队随后发起突袭。我让重机枪排在灌木丛中就位。我们在森林的一处凹地中完成了进攻前的准备，所在的位置距离敌军障碍区有差不多60码。

战斗纪律严明的山地营在大雨中悄无声息地完成了集结。伊松佐山谷还在激战，近卫团也在我军后方的位置上苦战，但是我们周围没有什么动静。

我们偶尔会看到敌人在阵地上进进出出，但他们并没有发现我们。只有我军的几枚炮弹落在我们左后方600码的地方。我们现在的位置应该和45分钟前发现的通往福尼小路两侧的阵地相连。

我想这儿可能是意军第二道防线的一部分。如果继续在灌木丛中前进，我们就肯定会被敌人发现。部队的进攻准备都已经做好了，我要下令进攻吗？我们前面是60码的灌木丛，还有铁丝网。只要敌人稍有察觉，我们就不可能轻松地拿下这块阵地。

第三节 拿下阵地

看到森林边缘的隐蔽小路，我有了一个主意。这条小路很可能是圣丹尼尔附近的意军、赫夫尼克东坡守军和炮兵前哨之间的交通线路。小路南边的隐蔽性很好。在没有了敌人干扰的情况下，我们能在30秒内穿过小路，进入敌军阵地。如果遇到敌军抵抗，我们可以按照原计划，让重机枪组进行掩护，我们再进攻。

我从2连中选了一位精英——准下士基弗纳，让他带领8名士兵伪装成从前线回来的意军，从小路过去进入敌军阵地，控制住小路两侧的守军。我让他们尽量不要开枪，也不要使用手榴弹。如果遇到袭击，全体官兵会给他们提供火力支援。

基弗纳接受了任务，并亲自挑选了一起执行任务的战友。几分钟后，他们就在那条隐蔽的小路上出现了，又过了一会儿，他们的脚步声就消失了。

时间慢慢过去，我们除了雨声，什么也听不到。这时有脚步声靠近，一个士兵回来报告：基弗纳小队已经成功占领了敌军的掩体，俘虏了17名意军，并且没有引起守军的注意。

我赶快带着1连、2连和第1机枪连全体士兵从小路过去，进入敌军的阵地。基弗纳小队成功突袭前不久，席乐恩的部队过来和我们会合了，他们现在也跟着我们进入了阵地。突击小队继续静静地扩大突破口，向小路两侧各扩大了50码。外面下起了瓢泼大雨，好几十个意军在掩体中避雨，被我们逮了个正着。掩体很大，山坡上的敌人根本察觉不到我们的行动。

只要占领赫夫尼克峰，就能轻松将意军消灭。我们向敌军的阵地渗入得越深，敌军的防备就会越松懈，越有利于我们进攻。我完全不担心左右两翼会遭到伏击。符腾堡山地营的战士们完全能保护好自己的侧翼。我下了命令：全力向西突击。

第1机枪连在梯队最前面，万一遇到了抵抗，就让他们尝尝重火力的滋味。重机枪手扛着90磅的武器前进，速度自然慢了下来。我很理解他们，只有在同样恶劣的天气里、在相同的负重下亲自走过的人才能体会这其中的艰难。

队伍长达1000码。我们在暴雨中前行，穿过了一个又一个灌木丛，越过了一个又一个凹地和山沟，夺取了一个又一个敌军阵地。我们一般是从敌军的后方进行突袭，夺取阵地，一路上都没有遇到有组织的抵抗。那些不想投降的敌军都扔下了武器，跟跟跄跄地往山下跑去。我们没有开枪，因为不想惊动高处阵地的敌军。

进攻的过程中，我们有时会遭到友军炮火的攻击。因为怕引起守军的注意，我们选择了不给友军炮兵发信号灯。友军的炮弹在我们身边的一块岩石上爆炸，误伤了一名战友。

我们俘虏了一个榴弹炮连。因为用了催泪瓦斯，连里的敌军都不见了，只剩下巨大的炮台和成堆的炮弹，岩石中的掩体和弹药都完好无损。我们又向上走了300英尺，遇到了一个中口径炮兵连，他们的炮台在石壁中，可以通过炮眼向外射击，隐蔽效果和防弹效果非常好，但是这里的守军也不见了。

11点时我们到了赫夫尼克峰向东延伸的山脊，在那里遇到了近卫团3连，于是和他们一起沿着山脊向赫夫尼克峰走了很长一段路。在这个过程中，我们遇到了友军炮火的袭击。近卫团停下来休整，等炮兵转移火力，我则带着部队向赫夫尼克北坡前进。我们这一路还是没有遇到任何抵抗，终于在正午时到了主峰。

雨渐渐停了下来，头顶的乌云也散开了，我们有时能够看见1114高地和科洛弗拉特山脊，那里的敌人正在向赫夫尼克轰炸。1114高地前面的敌军观察员发现了我们，我不想自己的手下做出无谓的牺牲，于是就让两个分队赶快撤出危险区域，向北边前进。

他们按计划去清除赫夫尼克和福尼之间的敌军炮兵。侦察部队的任务是去夺取那得拉山口。我们用粉笔在战利品上做了标记。

近卫团的部分连队在下午3点半的时候到了纳拉德山口，我们的两个分队与他们会合了。近卫团的3营半个小时后途经1066高地，沿着主干道向1114高地攀登。我们接到的命令是掩护近卫团的右翼，我带着6个山地连跟在他们后面，席乐恩的队伍在最后。

我和施特莱切中尉走在队伍的最前面。天气终于晴朗了起来，科洛夫拉特山脊、1114高地和1114高地向耶日方向延伸的山脊现在都能看得很清楚。近卫团下午5点时在1066高地岩层附近遭到了伏击，其中的两个连只能在小路东侧的峭壁下隐蔽自己。

我让我的队伍一面寻求隐蔽，一面向着3营的二线阵地靠近。而我自己和施特莱切中尉则对1066高地附近的环境进行了侦查。

1114高地和其西北方向600码地方的很多阵地被敌军用铁丝网团团围住了，我方的第12近卫连正在和敌军激烈交火。近卫连右侧甚至都布满了意军。

我马上让特雷比格中尉带着1连清除了近卫连右侧的敌军。1连非常迅速地完成了任务，甚至都没有造成任何人员伤亡，还抓到了7名意军军官和150名士兵。

第八章 进攻托勒敏

与此同时,我让2连和第1机枪连攻破了1066高地西侧的敌军战壕、掩体和观察所。席乐恩的部队作为预备队随后赶过来清理了现场。

我和施特莱切中尉朝着第12近卫连的右侧走过去。那里不仅更方便观察1114高地的情况,还可以和第三近卫团建立紧密的联系。我们在路上遇到了3营的几名军官,他们说远处有一条山沟,可以直通1114高地和其西北方向600码处的一个鞍部,他们派了一个侦察小分队,现在正试图从那里去接近敌军的阵地,随后他们给我们指了指山沟的位置。

敌军很顽强,不时地就会用机枪扫射光秃秃的草地,侦察队的处境非常危险。这里的敌守军看似要誓死保卫阵地。

我和三营军官还有施特莱切中尉都认为只有得到炮兵的支援,才有可能夺取1114高地和其西北方向600码处的小高地。这两座山上还没有遭受过炮弹的袭击。我想用望远镜好好观察一下敌军阵地的情况,但1114高地那边总有一挺机枪向我扫射,我只能先卧倒寻求掩护。

天渐渐黑了,1连尝试占领那两处高地,但是行动失败了。

符腾堡山地营各个连队已经做好了入夜的准备,1连和2连来负责夜间的侦察任务。我的指挥所就在1连的后方。我和施特莱切中尉,还有第3近卫营的军官一起商讨占领1114高地和科洛弗拉特山脊的计划。

因为信息传递不及时,第10近卫连和第11近卫连还没有和我们取得联系,我们还不知道第12近卫连已经成功占领了1114高地。

第四节　和波斯默少校的尴尬关系与和解

近卫团的团长波斯默少校晚上7点到达营地,他刚一到就叫我去了他的指挥所。那里和我的指挥所只有100码的距离。我向他报告了我指挥的6个山地连的部署情况,他命令我们服从他的安排。我告诉他,我只会服从斯普罗瑟少校的命令,并且随时准备迎接斯普罗瑟少校的到来。

波斯默少校非常生气,他严禁我带领部队向1114高地西侧和后方靠近,说那里是由他们近卫团负责的。他只允许我们在近卫团占领1114高地之后进入阵地担任警戒部队,或者是在主攻部队的身后作为二线部队待命,随后就把我打发走了。

我闷闷不乐地向自己的指挥部走去。我希望能想出一个办法,让我的部队能够自由行动,但所有的一切还是得等斯普罗瑟少校来了再做决定。

军需官奥藤列斯中尉晚上9点的时候到了我们的指挥所。他刚刚在第3近卫营的指挥所参加了10月25号的作战计划讨论,随后被第12近卫连派到了我们这儿。当天,部队将在炮火的掩护下,对科洛弗拉特山脊发起进攻。

斯普罗瑟少校在和凡伦伯格的部队一起进攻福尼,第12步兵师在伊松佐山谷也取得了重大进展。我向他说明了1114高地的情况,还有我们和近卫团的关系,让他尽快向斯普罗瑟少校汇报,不管凡伦伯格的部队是否能够脱身,请斯普罗瑟少校在天亮之前一定要赶到1066高地,让我手下的部队恢复行动自由。

虽然外面一片漆黑,奥藤列斯中尉还是冒着生命危险接受了这项任务,向指挥所出发。

第八章 进攻托勒敏

10月24号到25号的夜晚天气异常恶劣,小雨不停地下,驻守在1066高地上的符腾堡山地营士兵们都已经湿透了。在前线的夜间巡逻队又在敌军的障碍区抓到了几十个意军士兵。遗憾的是,他们没能越过敌军的障碍区,深入到敌军阵地的最前方。

夜深了,近卫团的3连过来通知我们,1066高地北边的预备队接受命令去攻打东北坡的左段,但是他们和在732高地作战的第一猎兵团失去了联系。

我晕晕乎乎地躺在硬木板床上,想着是否有了重新作战的机会。敌军在科洛弗拉特山上的防御系统非常坚固,除非我们得到充足的炮兵火力支持,才有可能向敌军发起进攻,但是炮兵最早在10月25号早上才能赶过来支援我们,而且近卫团也不让符腾堡山地营插手前线进攻的事情。

如果不想把时间都浪费在等待炮兵的支援上,可以考虑突袭敌军的第三道防线,我们之前还从没攻击过这道防线。没准儿可以试着从西边或者东南边对敌方阵地发起进攻,他们和1114高地的顶峰都超不过1000码的距离。

敌军第三道防线呈阶梯状沿着科洛弗拉特山脊向库克山延伸。一旦突袭成功,一定会削弱1114高地下面敌军在阵地上的势力。如果是从东南边进攻,敌军阵地在1114高地下方山坡上面,占领了这个地方不会影响敌军在顶峰的阵地。

第二天一大早,侦察队就对敌军的阵地发起了进攻,虽然这场战斗打了好几个小时,但是与昨夜的夜间巡逻队战果差不多,顽强的敌军把他们击退了。

斯普罗瑟少校在早上5点的时候到达了我的指挥所,那时外面还是漆黑一片。符腾堡山地营的4连和第3机枪连紧跟着他。我向少校报告了1114高地的情况,还有我们和近卫团的关系以及我的进攻计划。我希望调用4个步枪连和两个机枪连参加战斗。

斯普罗瑟少校同意了我的作战计划,但是只给了我两个步枪连和一个机枪连,他说我们会在胜利后得到更多的支持。当我们准备出发的时候,近卫团团长到了我的指挥所,和斯普罗瑟少校和解了。

10月25号天亮时的战斗命令:在弗里兹盆地作战的克劳斯军团已经在10月24日晚上抵达萨加,驻扎在山谷下的路边,要在10月25日早上攻打斯托尔1668高地。

多亏伊松佐山谷连绵不断的雨水削弱了敌人阵地射向山谷的火力,使得第12师可以在10月24日的时候一路穿越伊德思科和卡弗瑞特,向克雷达和洛比克附近的纳蒂索内山谷行进。

拥有两个营和一个炮兵排的艾科霍尔兹军团离开了大部队,向路易科山的隘口进发。10月25日早上,筋疲力尽的第12师终于登上了马塔杰尔山的北侧。

在敌军的第三道防线上,阿尔卑斯山地部队麾下的巴伐利亚近卫步兵团和符腾堡山地营与敌军展开了激烈的战斗。舍尔纳带着第12近卫连坚守在主峰上,但是敌军利用主峰四周的阵地对其发动反击,试图夺回他们失去的阵地。

第200步兵师第1猎兵团在732高地上与敌人争夺第二道敌军防线,第3猎兵团占领了耶日,第4猎兵团和敌人在497高地上争夺第二道敌军防线。

总而言之,除了1114高地残存的阵地之外,我军已经占领了位于伊松佐南边和占据优势地势的第三道敌军防线。敌军虽然拥有充足的物资,但却被我们轻易地打败了。

第八章 进攻托勒敏

第五节 突袭科洛夫拉特阵地

1917年10月25日,天刚蒙蒙亮,我们就出发了,我带着第2步枪连和第1机枪连,以1066高地附近的一处山顶为起点,顺着其西侧那条狭窄而又陡峭的峡道,沿着西北方向往山下150英尺的一片茂密的灌木丛前进。

不幸的是,我们的行踪很快就被敌军发现了,他们立刻将枪口对准了我们,几名士兵被他们打伤了。还好我们很快就撤到了灌木丛中的安全地带,并且在这儿和3连会合了。

我在出发之前就和各连连长详细谈好了这次任务的细节。我们会沿着山脊上那片陡峭的北坡向西前进到敌军科洛弗拉特阵地中下方200到400码的地方,这样我们离1114高地附近的前哨战场就只剩下了1.25英里的距离。

我接下来的任务是根据地形走势确定合适的伏击地点,只要时机一到,我们就可以对敌军的第三道防线发起突袭。这次任务能否成功的关键一点就是不能让敌人发现我们的行踪。

探路的士兵是2连的路德维希中尉,我直接用手势指挥他。参谋部在先头部队的后方,双方相隔30多码。为了和1066高地上的斯普罗瑟少校保持联络,通信班一边前进一边搭线。再往后就是由第二步枪连的剩余部队、第一机枪连和第三步枪连组成的队伍。

我们以往的早餐都是咖啡,但今天是冰冷的意大利罐头。天渐渐亮了起来,从左后方1066和1114高地附近传来的炮火声越来越大,但是我们管不了这些了,因为我们正在忙着悄无声息地穿过一丛丛灌木和一座座山坡。

刚开始的时候,我们被地形和灌木丛掩护得很好,但很快我们就来到了视野开阔的科洛弗拉特山脊,这里周围都是光秃秃的小山丘,敌人还在这里设置了路障,我们只能费时又费力地绕过这些去到山谷的另一边。据我猜测,障碍区肯定有哨兵把守,那一双双眼睛正盯着我们走过的这片山坡。一旦敌人的哨兵发觉到异常,我们的这次行动可能就功亏一篑了。

我有时会下令让队伍暂时休息一下,寻找到达敌军阵地的近道。我们小心翼翼地穿过几条峡谷,接着来到了一片有着绿草地的山坡,我们必须避开左侧和上方的哨兵,前后也都可能会出现敌人。越往山上走,能够藏身的灌木丛就越少,最后我们只能藏在山坡上的沟槽里。

我们已经走了一个多小时,目前还没有遭到敌军的攻击。我们的上方是戒备森严的科洛弗拉特山脊。我正在思考怎样通过那里,就发现身后2连的几名步兵突然钻进宽阔的灌木丛中——他们发现了一群正在睡觉的意军。

我们只用了几分钟的时间就消灭了敌军的这个前哨站,没有花费一颗子弹,也没有引起敌军大部队的关注。

我们附近可能还有这样类似的前哨站,但敌军的注意力都在伊松佐方向,完全没料到我军会从1066高地往西进入科洛弗拉特阵地。

我们清理这个敌军前哨的时候没有惊动其他人,说明这儿是最合适的伏击地点了。我们的先头部队目前在一处很深的山沟里,那里是整个山脊的盲点,在这样的情况下,我们的突袭是很有可能成功的。

先头部队到了山沟最远的一侧,这里离敌人的障碍区不到100码。在他们的掩护下,大部队向山沟里聚集,到了沟底的死角区。

我将作战计划告诉了各连连长,然后我们往先头部队的正后方移动,到了之前计划好的位置。

左边响起了炮声,头顶的敌军阵地却一点动静都没有。施特来切中尉

第八章 进攻托勒敏

自告奋勇到前面去侦察，并寻找进入障碍区的通道。我让2连的5名士兵跟着他，又给他们带了一挺机枪，嘱咐他们只有在万不得已的情况下才能开枪。侦察小队出发后，我们通过步兵和他们联系。

这时，通信班和附近的指挥所取得了联系。我向斯普罗瑟少校报告了目前的情况和我们将要发起突袭的事情。他答应我，如果我们作战成功，他会立刻给我们以支援。少校还告诉我，1114高地的战况有变化，近卫团最终还是失败了。

我挂了电话后吃了一片面包，这时，施特莱切传来消息说，他们俘虏了几名意军，还缴获了几把步枪。听到这儿，我立刻下令突袭。

我们以最快的速度通过了敌军的铁丝网，到了敌军的一个炮台前。施特莱切正在清理附近的防空洞，几十个被俘虏的意军站在大炮旁边，据说他们被俘虏时正在洗澡。

我们现在一个狭窄的山口，这个位置可以清楚地看到敌人在科洛弗拉特山脊上修筑的防御工事和交通壕。去往路易科、库克和1114高地的交通要道就在我们南侧100码左右，这条路非常隐蔽。

已经有三分之一的士兵在山口这里集合了，敌军还没有发现我们的入侵。从我们俘虏的敌军数量来看，这里肯定有重兵把守。

我向手下发布了命令：我们的目标是将封锁线从敌军东侧延伸到西侧。技术军士史帕汀格从2连带走一个机枪排，封锁敌军阵地东侧角落和旁边的小道，并掩护后续部队攻击西侧。路德维希中尉和2连负责突破北坡西侧防线。我带3连和第1机枪连往西，施特莱切和其侦察小队负责警戒。

路德维希中尉指挥的2连势如破竹，攻下了一个又一个防空洞和哨所。意军的注意力仍然放在山谷方向上。被俘的意军越来越多，有数百人。

主力部队也取得了不错的进展，占领了几处修建在岩壁上的意军炮兵阵地。我打算突袭意军的预备队，占领一处高地，好掩护北坡上的2连。但计划赶不上变化！

3连的先头部队快到1192高地东侧的山口时，被敌人包围了。山口里面的施特莱切中尉也遭遇了1192高地南坡守军的攻击，他们自北坡撤离，从北侧越过山脊小道。3连和第1机枪连也被1192高地上敌军的重机枪火力缠住了，虽然我军马上就进行了反击，但是没有什么效果。

右前方的炮火声和枪声越来越大，我猜是2连正在和敌人激烈地交战。我现在既看不到那边的情况，更没法过去支援，不知道他们的80把步枪和6挺轻机关枪能否抵挡住敌人的炮火，一旦失败，我们整个部队都会遭到灭顶之灾。

几分钟内，局势就变得对我们相当不利。当务之急是封锁住西侧的山路，并火速支援2连。

去往2连所在地最近的路是一片没有掩体的山丘，敌人正在扫射这片区域，再加上西边1192高地上的敌军，我们几乎不可能通过这里。我们现在只能出奇制胜了。

机枪连派出一个排缠住1192高地上的敌军，3连负责封锁通往西侧的山脊小路。我带着剩下的人往东去到我们出发的山口。敌军没有想到我们会这样做，我们成功回到了山口。

我们遇到了史帕汀格中士，我增派了两个班给他，然后继续往西走，又碰到了我军两名看守俘虏的士兵。阵地和铁丝网间有1000名被俘的意军。我让一个小队去帮他们的忙，将被俘虏的敌军转移到铁丝网下方。

2连就在我们前面100码处，我让大部队全速前进，而自己则跑到了东边

第八章 进攻托勒敏

的一个山丘上，查看目前的局势。敌人的火力是2连的5倍，如果他们随着炮火冲锋，那2连就有可能被全歼。我们现在必须集中火力攻击敌军后方，才有可能将2连救出来。

敌军这时候已经开始朝2连发起进攻了。我们没时间等重机枪架好就朝敌人冲了过去，不久，两个重机枪组对敌人开始了扫射，左侧的3连则从敌军的侧翼和后方对敌军发起了猛攻，我们和敌军进行了近距离的厮杀。

敌军果然调转枪头，开始攻击3连。2连趁机冲出战壕，对意军的右翼发起了进攻，敌军被逼到了一个狭窄的空间里，最终沦为了我们的战俘。

我们一共俘虏了1500名意军和一个重炮连。

到上午9点15分，我们在科洛弗拉特山脊上一共占领了半英里长的阵地，在敌军的主要阵地上撕开了一个口子。

虽然敌人一定会进行反击，但我们山地营的士兵也不是吃素的，一定不会轻易放弃浴血奋战得来的胜利果实。

敌军从东、西、东南三个方向发起攻击，还有驻扎在胡姆山上的炮兵队，我们在猛烈的炮火下暂时撤到了植被相对茂盛的北坡。我们现在不宜和敌军硬碰硬，而是应该等待支援。我让2连和一半机枪连到1192高地的西侧，史帕汀格带一个排守住东侧的山口。我指挥的3连和另一半机枪连是预备队，在1192高地东北侧的山坡上。

我到1192高地登峰观察周围地形，最大的威胁在于西边的库克山，我们的大部分阵地都在库克山敌军的射击范围内。意军的预备队有一到两个营的兵力，他们正在不断地朝我们逼近。敌军炮兵正在轰击我军阵地。

1114高地南侧和西南侧的山坡上聚集着大量敌军，他们似乎已经做好了进攻的准备。公路上长长的车队正将预备队从克莱送到1114高地的西坡上，敌军打算夹击我军。

我军成功突破科洛弗拉特阵地后的战斗序列如下：

克劳斯军团和第1帝国步兵团以萨迦为出发点，进攻斯托尔到1450高地一线。

前一天晚上，施泰因军团的12师和63步兵团到了洛比克和克雷达附近，击退了敌军的前卫部队，他们离马塔杰尔山的主峰北侧只有100码。艾希霍尔兹军团守住了葛洛毕北侧的阵地。

10月24日晚上，近卫团击退了敌人的猛攻，守在1114附近高地上。第1猎兵团占领了732高地，正朝着斯拉门教堂靠近。200师的第3猎兵团则占领了耶日西侧的942高地。

斯科蒂军团正在攻打葛罗伯卡克。

第六节　进攻库克

不断向我们逼近的敌军突然停了下来，他们开始挖三条平行的战壕，将库克东侧和北侧的阵地连起来，看来他们是打算封锁我们。敌军的计划为我们赢得了宝贵的时间，符腾堡山地步兵营的主力部队正全速赶过来支援我们。

我准备等援军一到，就立刻对敌军发起攻击，耽搁的时间越长，敌军的工事就越牢固。

我用电话向阿尔卑斯军团总指挥部报告我们的战果和现状。另外，我还向总参谋部的梅耶上尉请求两个重炮连的火力支援。上尉批准了我的请求，重炮连会在11点15分到11点45分这段时间内炮击库克东侧和东北侧山坡上的敌军阵地。

我将2连的轻机枪队和第1机枪连安排在1192高地的北坡和南坡上，库克方向的敌军很难发现他们那个位置。

上午10点半，斯普罗瑟少校的部队到了1102高地东侧的山口。我向他汇报了目前的情况，并请求配备更多兵力。斯普罗瑟少校让6连占领科洛弗拉特敌军阵地，还批准了我的作战计划，又将4连和第2、3机枪连调配到了我的麾下。

11点，路德维希中尉带领的小队已经埋伏好了，随时准备开火。两组突击班也已经就位，他们的任务是在交火后前去探查敌军兵力的虚实。预备队藏在1192高地东边的山口里，到时候随机应变。

11点15分，炮声按计划响起，进攻正式开始。

敌军立刻对我们进行反击，但我军士兵藏得很好，工事也坚固，所以并没有太大损伤。路德维希带领的突击小队一路拼杀，从我军占领的优势地形冲下去，但是敌人异常顽强，所以我军也没有取得太大的进展。

3连的突击小队凭借良好的伪装成功开始向敌军在山顶的阵地攀爬。我军的一些士兵开始挥舞手帕，这个方法引来了一些意军投降。

是时候发起总攻了，我命令南侧的突击小队登上库克山。预备队沿着库克山的东南坡发起进攻。大部队顺着隐蔽的山脊小路跑步前进。1192高地上的小分队用最大火力牵制对方，如果条件允许，就过来追赶大部队。

我们一路飞奔，敌军只要细心一点，就能发现我们的行动，但他们的注意力都放在1192高地的机枪小分队和库克山的手榴弹战上了。

大部队在行军的过程中，突击小队已经俘虏了100名意军。后方传来消息说近卫团的主力部队也加入了我们。

我军炮兵部队和机枪小队将敌军困在了库克东侧的阵地上，3连的突击小队在忙着追逃兵。我们则继续进攻。

拉夫纳一带有一个小山村，我们朝着那里跑。通往拉夫纳的山脊公路仍然非常隐蔽，但弯曲的公路使我们的视线受阻，我们两侧的视线也被挡住了，这对我们非常不利。

我们一边走一边制服遇到的敌军，畅通无阻地经过了意军的炮兵阵地、后勤车队和步兵队列。到了拉夫纳附近，我们的视野开阔了起来，前面300码是拉夫纳边缘的房屋，左侧陡坡上的几座农场背靠着1077山丘。

我们要开始进攻拉夫纳时，敌军才发现我们，他们慌张地逃跑，其间没有一声枪响，说明敌军的预备队也已经上战场去抵御我军在1192高地的进攻了。

我们追着敌军的最后一批守军——驮马运输队到了村子西侧的一个小山丘，小山丘右下方是路易科的小山村，里面有意军驻守。山村北侧有战斗的声音，我猜是12步兵师在和敌军交战。

我带领部队全速前进，保持进攻态势。我很快决定封锁路易科-萨沃尼亚山谷和克拉格恩扎山上的马塔杰尔公路，以截断路易科山另一边的敌军。

路易科-萨沃尼亚山谷两侧长满了树木，我们可以在树木的掩护下穿过山谷到波拉法附近。只要封锁了山谷和公路，加上驻扎在路易科山的阿尔卑斯军队，敌人将腹背受敌，必死无疑。

我立刻带着先头部队从拉夫纳急转弯，向路易科-萨沃尼亚山谷前进。我们小心翼翼地绕过左侧的976高地，穿过灌木丛和小树林，这样才不会被路易

第八章 进攻托勒敏

科山和976高地的敌人发现。

中午12点半，我们到了路易科山西南1.5英里的山谷，我们的突然出现吓坏了那里的士兵，他们快速逃到了附近的灌木丛中。

我们在公路上两个急转弯的地方挖战壕，我让4连和第3机枪连藏在山谷两侧斜坡的灌木丛中，敌人看不到他们，他们却可以用火力控制南边和北边的山谷。

我还需要两三个连队才能执行计划，这时我才发现我们已经和剩余部队失去了联系。我让瓦尔茨中尉迅速把其他连队带过来，并且向斯普罗瑟少校汇报我们的计划。

有意军的车辆从公路上驶过来，我们没开枪就俘虏了他们，车辆越来越多，我们很快就俘虏了100多名敌军和50辆车。车上装满了物资，我们得到了美味的食物，战争带来的辛劳一扫而光。

这时，又有一辆车开了过来，他们在转弯处没有减速，一名机枪手以为他们将要逃脱，便违反我的命令开了枪。我们俘虏了车上的人员，只有一个军官从灌木丛中逃脱了。他们是萨沃尼亚的高级参谋官，因为电话中断，所以亲自上来察看前线情况。

前方的岗哨送来一份报告，一列意军步兵正从路易科方向过来。我军的阵地牢不可破，我任由敌人朝我们走过来，走得越近，他们就越没时间准备战斗。等他们走到差不多300码的距离时，我派副官施塔尔去和敌人接洽，希望能不战而屈人之兵。他朝敌人走去，我和几名军官则在远处挥动手帕。

施塔尔刚走到敌军面前，什么都没说就被抓起来了，敌军直接命令手下向我们开火，我只好下令反攻，只几秒钟的时间，敌人就被打得四散奔逃，施塔尔趁机跑了回来。

一分钟后，为了节省弹药，我让大家停火，再次对敌人招降，但敌军出人意料的没有投降，而是迅速组织反击。我们又打了5分钟，我方自然还是占尽了优势，我又一次招降，敌军还是不投降。他们顽强抗争，但是终于在10分钟后停了火，成了我们的俘虏。我派了几名步兵押送他们到拉夫纳。

我们和敌军步兵激战的最后阶段，3连赶了过来。为了弄清从路易科方向传来的战斗声，我派人开车过去侦察。下午3点半，我和斯普罗瑟少校几乎同时到达路易科山，他们在山谷南边对拉夫纳发动了攻击，我们见了一面。

我向少校提议，由我带领现有部队抄近路去攻克克拉格恩扎山顶峰。如果我的任务成功完成，敌人就只能在南边另寻一条路，我们可以趁他们和北面、东北面的我军交火时包抄他们。另外，拿下了克拉格恩扎山，就可以切断通往马塔杰尔的山脊公路，孤立那附近的敌军炮兵排。

意军正沿着马塔杰尔公路向莫兹里-克拉格恩扎山脉东坡转移，他们应该是要占领当地的后方阵地。如果他们在后方安插一支小分队，就可以拖住追击者，然后重新整队，占领阵地。所以我提议抄近路向克拉格恩扎山进军。

斯普罗瑟少校同意了我的计划，坐着我们缴获的卡车前往旅部汇报，并要求炮兵支援我们的行动。

结果西到路易科山口，东到1114高地，伊松佐南侧科洛弗拉特山脊上的坚固的意军第三道防线都被我们突破了，符腾堡山地营立了大功。这之后，阿尔卑斯军团和第12师才得以继续向前进。

第八章　进攻托勒敏

第七节　克拉格恩扎山

我带着手下以最快速度回到波拉法北侧的路障。我们将缴获的驮马分配下去，然后立刻开始向杰夫塞克和克拉格恩扎山的方向前进。我们越快遇到敌人，他们准备得就越少。

我们的体能消耗得非常严重，天也快黑了，但我们必须走到杰夫塞克！我们小心翼翼地前进，时不时停下来听听动静。远处有交谈声和行军的声音，但他们并没有朝我们的方向走来，而是去了峡谷另一端。如果他们先占据了有利地形，我们就只能包抄了。

我决定不再走小路，没过多久我们就到了树林边缘，但是这里竟然没有任何障碍。我派出几名军官去侦察，他们侦察后说敌军的确正在占领阵地，而且阵地前的障碍物很高。我只好放弃了进攻的想法，让部队休息几个小时，同时派人去前方持续关注敌人动向。

我给部队找到了一个休息的地方，这时，波拉法附近的山谷中爆发了激烈的战斗。

我派出几名军官组成侦察队，去侦察敌军的兵力部署情况以及从哪个位置进攻对我们最有利。

我的勤务兵雷埃给我偷来了一个意大利睡袋。我累坏了，但却因为精神紧张，怎么也睡不着。阿尔丁格中尉一送来战报，我就立刻站了起来。

敌军没有占领我军西北方的杰夫塞克村——那个村子有坚固的防御工事。敌人正经过村子西侧和南侧往山下走，向东南方向前进。

我立刻下令向杰夫塞克村进发，要抢在敌军前到达那里。距离村子还有

300码时，我听到上坡处100码开外有意大利步兵的脚步声。

我让先头部队进入阵地设防，然后派侦察兵去观察附近地形，探明敌军和村子的情况。大部队穿过障碍，也进入阵地，只有通信连和负责驮马的部队留在山坡上。

我带着侦察小队朝敌军走过去，天黑得可怕，可视范围只有几码。我们在半路上和敌军的一个哨兵遇到了，这时我才知道敌人已经摆好了阵势，眼前这一列纵队是正要前往布防区域的后方。

我们改道左侧向杰夫塞克村行进，这时，一支侦察小队报告称村子北边没有敌军，那支步兵正通过村子南边。我决定去俘虏他们。

我们刚到村子，狗就叫了起来，敌人随即在右侧的一个山坡开火了。我们找不到掩体，就趴在地上架好枪，但没有发出声音，除非敌人先攻击我们，否则我们不会开火，但我觉得他们不会发动攻击。

果然像我想的一样，敌人射击了几分钟就停止了，我们没有伤亡。

我让部队呈半圆形分布，占领了村庄北部，也做好了随时肉搏的准备。

我在微弱的火光下研究了一下地图，杰夫塞克村东边有重兵，西北方、东南方和波拉法都有敌人的阵地，他们的目的是阻止我们深入路易科山口。不知道什么原因，要在已经修好工事的村子中驻防的部队还没有到，但他们随时都有可能过来。如果我们占领了杰夫塞克村，就是在敌军阵地上撕开了一个口子，我们和阿尔卑斯军团就再无阻挡，可以长驱直入克拉格恩扎山、莫兹里防线和马塔杰尔防线。

我让勒兹中尉到村子西南方向侦察，如果那里没有敌军，就到杰夫塞克村北边的山脊和西北部的意军阵地侦察，这些要在两个小时内完成。勒兹中尉没有叫帮手，而是选择了只身前往。

第八章 进攻托勒敏

其他战士趁机休整，大家坐在炉火前吃着友好的斯洛文尼亚人给的咖啡和干果。外面偶尔会出现一两声枪响，但敌人并没有派人来杰夫塞克村侦察。

快到凌晨4点半时，勒兹中尉抓了一个俘虏回来，他说杰夫塞克西南方向没有敌人。于是我决定立刻占领杰夫塞克村西北部的敌军阵地，天一亮，就发动进攻。

如果在我们进攻的时候，敌军从克拉格恩扎山居高临下地向我们开火，那我们就会腹背受敌，损失惨重，但是不入虎穴焉得虎子，我还是决定进攻。

天亮前，2连、4连和第1、第2机枪连就跟着勒兹中尉经由他侦察过的小路出发了。格劳中尉带着3连和第3机枪连留守在村子中，我给他们的任务是：一旦我们展开攻击，他们就要用火力牵制住杰夫塞克西北阵地上的守卫部队；保护主攻部队东侧免受袭击。

我们和第2机枪连会合的时候，天已经快亮了。我们比预计的时间晚了半个小时，先头部队正在830高地下方没有任何遮挡的山谷中往上爬，敌军阵地就在上方几百码处，如果他们这时候开火，我方必定有大量的人员伤亡。

我尽可能将第2机枪连的人召集起来，只要左上方的敌人一开枪，就要用火力牵制住他们。然后我带着通信员去找先头部队，让他们朝右侧的灌木丛前进，这时天已经大亮。

我们刚走出山谷，敌人就朝我们开枪了。当时我们处于四周没有任何掩体的不利地势中。第2机枪连马上开火还击，支援我们。各排趁机散开，随即投入战斗。

敌军呈半圆形对我们发动攻击，占据了压倒性的优势，我方伤亡持续增加。

在杰夫塞克的3连和第3机枪连压制住了西北侧的敌军，让他们不能过来包抄我们。

我带着几名通信兵爬到杰夫塞克西北600码的高地上，我们躲在灌木丛后面，我让通信兵传达命令，从2连和4连调3个轻机枪班到指挥所东侧的防护坡上。我将他们分成几个突击小队，到西北敌军阵地的后方进行突袭。我们绕过去，居高临下地对敌军喊话，让他们投降。

敌人做梦也想不到我们会去后面包抄他们，现在他们除了投降就是死路一条了，于是我们没费太多口舌就俘虏了3个连的敌人，连马塔杰尔路上的守军都大老远过来投降了，我差点儿找不到足够的士兵去缴械。

克拉格恩扎山上的守军还不知道这里的事情，他们一味地朝我方前线射击，但我们已经扫清了后方的敌军。

我们处理好这里的事情，马上向克拉格恩扎山展开了正面进攻。山地部队冒着生命危险穿过陡峭的山坡包围敌人。

我们不断向前推进，在马塔杰尔低处的环路上，偶然发现了意军的14门野战炮和25辆弹药车。但我们不能在这儿浪费时间，有敌人在北边朝我们射击，我们必须加速前进。这一路上，我们周围都没有什么可以提供掩护的物体。

不断地有战友被击中，这让士兵们怒火中烧，攻克了一个又一个敌军战壕和机枪点。

早上7点15分时，攻坚战总算结束了，2连攻克了克拉格恩扎山的顶峰，莫兹里峰的东北坡和东面山坡上的敌人迟早也会是我们的手下败将。

我现在考虑的问题是如何守住现在的阵地——我们右侧的敌军随时有可能发动反击夺回克拉格恩扎山。我决定以攻为守，用半个连的兵力进攻莫兹里峰的山脊。

第八章　进攻托勒敏

第八节　进一步推进战线

攻占了克拉格恩扎山后，我们本应该休整一番，但我们没有时间。陆军上士休格尔带领着非常有限的兵力朝1192高地和莫兹里峰发起了攻击，尽可能地夺取阵地。

我让通信员将我的命令传下去，大部队要迅速翻越克拉格恩扎山，占领莫兹里峰方向的马塔杰尔公路。我则带着2连一起行动。

我们大约前进了100码，就看到敌军正在一个树木茂盛的山上挖战壕。而右侧的山坡上则传来了激烈的枪炮声，可能是我们的后方部队遇到了敌人的攻击。

休格尔上士是一名非常优秀的战士，面对占据绝对优势的敌人，他一一瓦解了敌人的攻势，只用几分钟时间就完成了战斗，使得敌军只能撤回到路易科山。

我们收到消息称，意军从克拉格恩扎山东北方向的阵地用机枪扫射我的特遣队，部队暂时没法继续前进。这时的敌人在我们后面一英里的地方，但我们不正面遇到强劲的敌人绝不能停下来。

2连占领了艾瓦萨西边的1192高地，这时的他们只剩下了一个排的兵力和两挺轻机枪。敌军的攻击迫使我们放慢了前进速度。莫兹里峰东北半英里的敌人用重武器猛烈攻击我们刚刚占领的阵地。

我们现在的目标是莫兹里峰东南坡上的敌人，对付他们最少需要两个步兵连和一个机枪连。我迅速跑到马塔杰尔公路的尽头处寻找联络官，就在绕过一处弯道时，突然遇到了一小支敌军队伍，他们立刻朝我射击，我窜进附近的灌木丛才躲过一劫。

我爬到高地上,命令一个侦察班去联系手下的各个部队,让他们尽快向这里靠拢。直到上午十点,我才集结起可以对抗目标敌人的兵力,这已经是我手下的全部人马了。

我觉得是时候和莫兹里峰上的敌人决一死战了,就发出信号,请求对那里的敌人进行炮击。炮弹很快就落在了那里,1192高地上的机枪连也猛烈地攻击那儿的敌人。同时,我手下的两个步枪连在山脊公路下方和敌人也展开了近距离作战。

我们成功击退了敌军西侧的部队,进而开始猛攻他们的后方阵地。敌人在我们的攻势下撤到了莫兹里峰东坡,我不打算继续追他们,而是沿着山脊公路向莫兹里南坡前进了。

我们在行军的过程中发现莫兹里两大最高峰之间有一个山坳,里面驻扎着几百名意军。我们之间的距离只有一英里,但他们只是傻呆呆地看着我们走过去,没有丝毫士气。

看到他们这样的反应,我让部队排成深度范围很大的梯队,向他们挥动白手帕,然后一点点靠近。奇怪的是,他们还是什么反应都没有。他们有这么多人,完全可以消灭我们这支小分队,或者朝我们开几枪,然后安全撤退。但是他们就只是站在原地,既不积极应战,也不投降。

距离敌人有700码远的时候,我们进入了一片树林,互相看不到对方了。我不知道对方会不会突然出现在前面和我们进行肉搏战,但鉴于他们的明显优势,我决定让部队继续沿公路行军,我、施特莱切中尉、伦茨医生和几名山地士兵则抄近路穿过树林。

施特莱切中尉俘虏了敌军的一个机枪班,我们来到了密林边缘,敌人在

第八章 进攻托勒敏

前面300码的地方。我感觉我必须在敌人行动之前做点儿什么，于是朝他们走了过去，一边喊一边挥动手帕，要求他们投降。如果敌人在这时候朝我开枪，我根本来不及躲闪，但我没得选——我觉得如果我在原地不动，我们就会功亏一篑。

我到了离敌军不到150码的地方时，大批敌军动了起来，他们把负隅顽抗的军官推下了山，然后朝我跑过来，将手举过头顶。一名意大利军官有些犹豫，立刻被他的士兵击毙了。对于莫兹里峰上的意军来说，战争已经结束了。

我手下的士兵们这时候也顶着大太阳过来了，我让一个会德语的意大利士兵翻译，要求俘虏在马塔杰尔公路下向东列队，然后派两个步兵押送他们去路易科山。我把43名军官和普通士兵隔离开，让戈平杰军士给他们缴械并将他们转移。

意军军官们看到我们只有这么少的人，想试着重新反抗，但现在已经太迟了。

被俘的意军告诉我，萨勒诺旅2团在马塔杰尔峰的山坡上，这支意大利军团非常有名，多次获得陆军总司令的嘉奖。

我们刚到莫兹里峰西坡，1467高地和1424高地上就传来了猛烈的枪炮声，看来萨勒诺旅名不虚传。他们用机枪准确地扫射公路，将我们逼离了那里。但我们也不是吃素的，很快就控制住了局面。

我们急转弯，往西南方向走，以浓密的灌木丛为掩护，避开了敌人的视线。为了迷惑对方，我留下了几个士兵从莫兹里西坡向敌人射击。我们已经到了向1424高地上的敌人突袭的位置上时，他们还在向我们留下做障眼法的士兵们进行炮火攻击。

我命令手下就位，准备发动突袭。就在这个关键的时刻，后方突然传来了让我们撤退的命令。原来是斯普罗瑟少校见到了我们抓获的3200名俘虏，以为马塔杰尔峰上的敌人已经被消灭了。

我让部队按照命令返回了克拉格恩扎山，只有100名步兵和6个重机枪班随我留了下来。现在正是进攻的大好机会，虽然短期内不会有人来支援我们，但绝不能轻易放弃，我决定冒险发动进攻。

我们从南边向躲在大石头后面的敌军发动袭击。我们的子弹打碎了石头，反而加大了杀伤力，敌人几乎没有还手之力，连忙后退。

我们继续进攻。敌人的一个营试图向斯科里洛逃跑，我们的一个机枪班用火力迫使他们停了下来。几分钟后，敌人停止了射击，我们一边挥动手帕，一边靠近1467高地南边满是岩石的山岗。

我们绕过一个急转弯，看到萨勒诺旅2团就在我们前面开会。他们中的有些士兵投降了，这让团长很生气。趁意军尚未发现我们其实只是一支小部队，我立刻将俘虏的35名军官和1200名士兵分开，让士兵们朝着路易科山移动。

安顿好俘虏，我们继续向马塔杰尔顶峰发起进攻。我通过望远镜看到敌军在岩峰上的阵地上。勒兹中尉带领机枪班给我们火力支援，我们则趁机从南边发起进攻，但敌人在火力和地势上都有很大的优势。我掉头向东去往敌人视线的盲区，这样我们就可以从1467高地对顶峰发动袭击。

一支意军的连队正全身心地投入到和12师侦察班的交火中，我们从后面突袭了他们，没费太多事就俘虏了他们。

勒兹中尉带着机枪班向顶峰的守军开了火，我带着剩下的人从西边往顶峰攀登。我们和重机枪班为南坡上的突击队提供火力支援。但我们还没有开火，那上面的守军就投降了。

1917年10月26日上午11点40分，一枚白色信号弹和三枚绿色的信号弹升到空中，那代表着我们成功夺下了马塔杰尔山。我们终于可以好好休息一会儿了。

我们在山顶四下环顾，看到巍峨的群山被阳光披上了一层灿烂的霞衣。六英里外，斯托尔山高耸入云，弗雷西兵团正在那里浴血奋战，西南方向是乌迪内的广阔田野，上面有卡多尔纳的指挥部。南边的亚得里亚海波涛粼粼。东南和东边是我们一步一个脚印走过的克拉格恩扎山、圣马蒂诺山、胡姆山、库克和1114高地。

周围的战斗还在继续，我们隐约能听到炮火声，俘虏就坐在我们周围。斯普罗瑟少校让我们每天都要汇报工作，所以我口述，让施特莱切中尉记录下来。

第九章

越过河流追击敌军

第一节　行军路上

奥藤列斯中尉过来给我们传达了命令，营部让我们向下方的马塞尔里斯转移。可是我们现在都筋疲力尽，萨勒诺旅2团被俘虏的军官到现在都不愿意接受自己的命运，要带着他们穿过满是废弃武器的山区可是一件需要打起十二分精神的事，我只能把他们带在身边。

我们沿着一条狭窄的小路往山下走，下午时，我们到了马塞尔里斯村，一路上相安无事。士兵们分散在几个农场中修建工事，然后休整。

我邀请被俘军官和我一起吃晚餐，但整个过程很不愉快。

天还没亮，我们就开始向纳蒂索内山谷前进。在那里，西边的高地上还在进行战斗，我们只好沿着山谷往下面的奇维达莱转移，一直马不停蹄地赶路。我骑马走在前面，终于在圣夸尔佐附近赶上了戈斯勒上尉的部队和符腾堡山地营的参谋部——他们在和敌人交火。

我和施特莱切中尉快速通过了战场，在圣夸尔佐见到了斯普罗瑟少校，他没有派我们部队上战场。我们休息了几个小时，在午夜时分到了坎姆佩格里奥。凌晨时，我们继续向西行军，可是突然下起了暴雨。

有些士兵拿出了不知从哪儿找到的雨伞，但是上级很快就命令我们禁止使用这种非标准装备，我们只能冒雨前进。

下午，意军截断了托瑞河上的路，河水随着大雨涨潮，河面宽度到了600码，敌军对东岸上的一切生物无情地射击。我们只好先到附近的普利姆拉科，在意军的一个洗衣站换了干衣服。几天几夜的连续行军作战让我们筋疲力尽，倒头就睡。

半夜11点时，斯普罗瑟少校的命令传了过来，让我们最晚在天亮前过河。我们迅速集合，让炮兵往对岸发射炮弹，我们则利用一切可以利用的工具架桥。

敌人在我们的炮轰下很快就撤退了，但我们手头的工具实在是不够，最后只能用绳索连接最后的一段距离。

过河的过程中，一个背着大量急救物品的意军战俘被水冲向了下游，我骑马去将他救了回来。

我们过了河，又经过拉左洛和塔瓦纳科，来到了费勒托与营部的其他部队会合。我们和大部队一起于傍晚时分抵达了法加尼亚。当天晚上，我休息得很好。

第二天，我们全营到了迪加诺附近的塔利亚门托河，那里的桥被毁了，敌人守在河西岸。我们几次尝试过河，都失败了。北边通往彼得罗大桥的路也都被意军和各种车给封死了。

我本来准备让自己的部队趁天黑先推进到彼得罗大桥，但是上级没有批准，我们只好先在迪加诺过夜。

直到1917年11月2日到3日晚上，我们才成功渡河。我们的先头部队立刻向梅杜诺继续前进，成功地在雷多纳附近俘虏了300多名敌军。

为了追击敌军殿后部队，我们沿着一条狭窄的小路穿过了克劳塔纳阿尔卑斯山脉，向克劳塔纳山口行进。先头部队是戈斯勒带领的队伍，他们在11月6日晚上到了佩克拉特。

第二天凌晨，符腾堡山地营开始向克劳塔纳山口攀登。先头部队则遭到了敌人的猛烈攻击，敌人的阵地拥有明显的优势，先头部队非常被动。

斯普罗瑟少校让我们隆美尔特遣队经罗瑟兰山从南边包围敌人，可我们还没开始爬罗瑟兰山就已经遭到了敌人的猛烈攻击，只能到旁边的山谷暂避。从南边包抄敌人的做法不可行，我们现在只能从正面山口向敌人发起攻击。

我们用了几个小时才爬上布满岩石的山区，对敌人展开了攻击。一直到天黑后，我们才来到了山口东南侧700码处的山头，那里的树林为我们提供了掩护。我让士兵们先休息，我和施特莱切中尉带着几个侦察班先去刺探敌情。

我们用了几个小时制订了攻击计划。机枪连要在午夜时开火，将山口里的敌人压制两分钟，然后转移目标，向山口两边的敌人射击。机枪连一开火，1连和3连就移动到通往山口的溪谷两侧，呈密集队形进攻山口。

我也想加入1连和3连的战斗，但我离得有些远。等我跑过去的时候却发现，这两个连队竟然没有趁机枪连进行火力压制的时候往前发起进攻，这也直接导致了我们这次攻击的失败。

这可是我第一次指挥进攻失败！可我们也没有时间再发起一次夜袭了，而且士兵们都已经累坏了，我只好让大家先休息。我向斯普罗瑟少校报告了夜袭失利的事情。

我们在天亮前到了佩克拉特，那里的屋子都住满了人。我们在开阔的田野上安营扎寨。第二天天一亮，我就接到了营部通过电话传达的命令：敌军撤离了克劳塔纳山口，隆美尔特遣队立刻出发与戈斯勒特遣队会合，双方一起穿过克劳塔纳山口。

我们没费事就得到了敌人的一个绝佳阵地,这让我们非常开心。几个小时后,我们就到了山口,眼前的景象证明第一机枪连给敌人造成了很大的伤亡。

第二节　追击敌人

值得敬佩的山地部队在没有得到充分休息的情况下还是连续作战达到了24个小时,这期间还两次爬上了6000多英尺的克劳塔纳山口。我们隆美尔特遣队作为符腾堡山地营的先头部队,受命前往西莫莱斯,第26帝国皇家步枪团1营也加入了我们。

一些敌军正在向西莫莱斯山谷边缘撤退,我们去追击敌人。肖菲尔中尉和几名士兵骑着单车走在前面充当警戒线。

天黑时,我们到了西莫莱斯东边的塞利纳河岸,这里的河床几乎全干了。周围的环境看起来像是没有被敌军占领。我和施特莱切中尉骑马到附近村庄里,那里的治安官说所有的事情都准备好了,就等着德军到来,还把村务大厅的钥匙给了我。

我不敢完全放松警惕,让几个单车手在周围负责警戒,其他人进入村庄。我们已经连续行军作战32个小时了,现在急需休息。这里的宿营地很好,食物也充足。

侦察回来的单车手报告称,敌人现在在罗迪纳山和科尔内托山的阵地上,我立刻将这份报告转交给营部。快到午夜时,营部传来命令:3连于11月9号早上从西莫莱斯西侧对敌军发动袭击;隆美尔特遣队在黎明前绕过罗迪纳山包抄西莫莱斯西边的敌人阵地；席勒恩特遣队绕过科尔内托、切腾山和埃尔托进行包抄；戈斯勒特遣队绕过995高地和1483高地进行包抄。

  我手下的士兵已经疲惫不堪了，现在还要让他们在晚上爬上6600英尺的陡峭山峰根本是不可能的事。我去找斯普罗瑟少校，希望他将我们的任务改成从正面攻击敌人，但他没有同意。于是我们只好让一个连队来执行绕过罗迪纳山包抄敌人的任务，其他人则和我一起从正面发动攻击。

第三节　西莫莱斯之战

  天亮前3个小时，派尔中尉带着2连和一个当地向导去包抄北边的敌人阵地。凌晨5点时，肖菲尔中尉发现敌军阵地一片寂静，他觉得敌人可能撤出了阵地。于是我骑马带着单车手去确认敌人是否真的已经撤退，同时侦察攻击地形。

  我们从西莫莱斯南边出发，沿着公路缓缓向上走，到了西莫莱斯西160码处的拉克罗塞特教堂。就在这时，敌人的枪炮声突然响起，我们在几秒钟内从马上和单车上跳下来，迅速跑进了教堂里。猛烈的炮火因此而对准了教堂，没过多久，屋顶的瓦片就开始四分五裂了。

  敌军的阵地离我们最近的只有200码，一发炮弹就能要了我们所有人的命，我们必须做点儿什么了。

  等到步枪和机枪的火力稍微缓下来一些，我们就要有秩序地各自寻找掩护撤回西莫莱斯。敌人猛烈地攻击我们，但我们都朝着不同的方向跑，而且

第九章　越过河流追击敌军

还有掩体，所以最后得以一个不落地回到了西莫莱斯。

天亮后，我们用之前缴获的望远镜确认了敌军阵地的位置。侦察班的技术军士多贝尔曼带我到西莫莱斯教堂的塔楼里，为我指出了敌人的布防安排。敌军的战线遍布整个岩坡，和西莫莱斯西边的主干道相交而过，一直延伸到主干道以南160码处，大约有一个连的兵力和几挺机枪在这里驻守。罗迪纳山坡上和公路两侧的敌军阵地都安装了带刺的铁丝网，科尔内托山坡上的阵地却没有装铁丝网，因为那里挨着垂直的岩壁，我们根本爬不上去。

我本来以为从正面进攻不难，但现在看来是我想得太少了。我们现在还看不到连夜翻越罗迪纳山的2连的影子，我猜他们和席勒恩特遣队、戈斯勒特遣队都要在天黑后攻击那里。

为这次进攻提供支援的最佳位置在村子北边的一座小山头，那里长满了低矮的灌木。我决定在这里放置几挺轻机枪，对敌军进行火力压制，然后攻击山谷里和公路两侧的敌军。

我命令1连的轻机枪转移到西莫莱斯北侧山头上的灌木丛里，听从特雷比格中尉的指挥。特遣队的剩余人员在西莫莱斯西北的隐蔽斜坡上待命。我将指挥所设在了第1机枪连附近。通信连接通了指挥所和各个连队之间的电话。

我们在做这些准备工作的时候，第26帝国皇家步兵团1营对意军在山口的阵地开了火，他们甚至都没有知会我们一声。这完全打乱了我的计划，所以我立刻前往斯普罗瑟少校的指挥所，要求他们停止开火。

上午9点，我让1连的火力支援小分队开火。他们按照我的命令压制住了科尔内托山坡的敌军，敌人很快放弃了战壕，向左侧没有危险的区域撤退。我们继续用轻机枪追着他们扫射，很快，敌人在新的藏身之地也待不下去了，转移到了山口公路南边的阵地。

我等的就是这个时刻，第1机枪连奉命从西莫莱斯西边的山头上发起攻击。重机枪刚一加入战斗，至少有一个连的意军就惊慌地逃走了，他们朝狭窄的战壕跑过去，我们的轻机枪让在战壕中逃亡的士兵死伤惨重。

3连冒着枪林弹雨向罗迪纳山坡的方向推进，同时，前方和上方的友军压制住了敌军的火力。公路南边的敌军纷纷开始放弃阵地撤退，但他们想要穿过我们密集的火力网可不是一件容易的事情，大部分逃兵都被我们击毙了。

我们赢了！

我让火力支援小分队继续开枪，我带着其他人迅速进入我们刚刚占领的阵地，并且向营部报告了这个好消息。我军在这次攻坚战中的伤亡不大，士兵只是受了些轻伤，这是最让人高兴的地方。

我们没有时间重新整队，如果让意军有了哪怕几分钟的时间，他们都有可能卷土重来，所以我们火速前去追击意军逃兵。

我军新占领的阵地西侧，有人朝我军开枪，阻碍了我们的追击。开枪的是2连，他们把我们当成了意军。情急之下我们找不到掩体来躲避子弹，幸好几分钟后他们发现了自己的错误。因为这个意外，我们失去了敌人的踪迹，必须加快速度了。

上午10点10分，我们到了圣马蒂诺，两侧的山势变缓，小股意军在我们前面撤退。我布置了一挺机枪，让他听我的命令开枪，然后我们上前去追敌人。我们很快就追上了他们，只是大喊让他们投降，他们便没有抵抗地缴械了。

离开埃尔托后，山谷逐渐变窄，目光所及，前面是瓦依昂峡谷，这是最难走的一段路。在进入瓦依昂峡谷之前，我们在一个转弯处抓获了更多的意军。不久后我们进入了一条漆黑的隧道，前面大约100码的地方发生了爆炸，我们面前被炸出了一条大沟——敌人成功炸毁了一条与瓦依昂峡谷相交的横

第九章 越过河流追击敌军

向山沟上的步行桥。

我命令骑马通信员沃恩传令下去，让其他人尽快向前移动。然后，我们下马向右爬下山沟，越过被炸毁的步行桥，再从对面往上爬回公路。我们发现单车手在一个护桥警卫室后面朝一辆意大利卡车射击，车上的意军明显要将所有的桥都炸掉。

我们面前是意大利最高的桥，现在一眼就能看到桥两端都埋了炸药，桥梁远处的敌人已经停火，到处都看不到他们的踪迹，不知道他们是不是又撤退了。如果这座桥在我们眼前爆炸，我们就要好几天才能穿过眼前的皮亚韦河谷了。

于是我让2连的布拉克纳中士跑过大桥，砍断那边连接大桥的所有电线。我们在他完成后上桥，扯断所有导火索。

布拉克纳中士表现非常好，随着最后一根电线被切断，单车手上桥扯断了所有导火索，我们控制了这座完好无损的大桥。

我们必须继续去追敌军，阻止他们炸毁公路。我们穿过了几条隧道，峡谷出口近在眼前，我猜受命先出发的布拉克纳小队已经到了那儿。

上午11点，我们也到了出口，这里距离隆加罗内不到一英里，皮亚韦河正在我们下方缓缓流淌。意军的爆破班正开车穿过皮亚韦桥，一支意军军队从北侧的白云石山脉过来，在西岸的河谷主路上向南行进。

第四节 在隆加罗内战斗

我们对面整齐地排列着数以千计的敌人，他们左右两侧是6600英尺高的陡峭山峰，敌人对于周围的危险一无所知。

这对我们来说简直就是天上掉馅饼，我们再也不能让意军跑掉了。我立刻安排，让10名拿着卡宾枪的士兵到公路南侧100码的一片浓密灌木丛中埋伏，我们则集中火力射击一处没有掩体的士兵。他们左边是岩壁，右边是皮亚韦河。3连也赶了过来帮我们一起攻击。

敌人在几分钟的时间里就被我们打散了，一部分人想要退回隆加罗内，另一部分则加速向前。几分钟后，他们向我们反击，但他们的子弹没有起到任何作用，我们的地势优势很明显。

一小股敌军想往南走，3连的一个排很快就打消了他们的这个想法。我的一个通信兵看到一个步兵连正从我们后方往山下走。我让几名步兵和一挺轻机枪去解决这个问题，我们先开了几枪，然后大叫投降，他们见大势已去，也就举手投降了。

皮亚韦河谷里的敌人炸毁了隆加罗内东边的步行桥，他们想朝姆杜方向移动，但被我军击退了。敌军的几个营从隆加罗内南侧的山头朝我们开枪，但战局没有太大改变。炮弹击中了瓦依昂峡谷腹地和前方的山道和悬崖，坠落的岩石给我们造成了一些困扰，但11点45分时，我们还是顺利到达了瓦依昂峡谷山路入口南侧的高地。

为了封锁皮亚韦河西岸通往卢诺的所有路，我让1连带着重机枪前往皮亚韦河西岸，3连为1连提供火力支援，阻止敌人向别处转移。

1连在去往目的地的过程中经过了一个陡坡，那里没有障碍物，于是遭到了敌军的扫射，还好1连几乎没有伤亡，逃出了这个恐怖地带。不一会儿，1连在穿越同样没有障碍物的皮亚韦河时又遭到了同样猛烈的袭击，他们只能先退回了多格纳。

第九章 越过河流追击敌军

与此同时，我带着参谋官迅速去往多格纳。我们遇到了刚从皮亚韦河撤回来的1连。我想派几个士兵利用地形，向南边穿越封锁线。

重机枪排在一栋房子的顶楼，他们的火力覆盖了皮拉格的铁路和公路，任务是不让敌军大部队上这条公路。但是每挺机枪的子弹已经不到一千发了，需要节省弹药。

我给几个能力超群的指挥官发布了任务，让他们带着侦察班分散穿过皮亚韦河，过了河，他们要抓获所有向南撤退的敌军，然后将他们押送回东岸。

五个侦察班在强大的火力支援下艰难地朝西岸走去。同时，斯普罗瑟少校带着通信连和第26帝国皇家步兵团1营到了山口，我让通信连替3连守住山口南侧的阵地，3连分成小部队过来和我们会合。

下午两点，我们向皮拉格方向展开大规模攻击，我想让一些士兵过河，然后让剩余部队用火力封锁西边的河谷山路。我们只走了几百码就遭到了敌人的攻击，只好挖战壕、找掩体。我们吸引了敌人全部的注意力，让他们顾及不到南方的侦察班。

我又派了两个侦察班，和之前那五个侦察班执行相同的命令，可是两个班在过河的时候全都失去了战斗力。

意军的炮火从两侧夹击我们，看起来他们的弹药还很充足。

皮亚韦河床的一面小石壁是敌军最爱攻击的地方，石壁被炸得四分五裂，不过我们利用了这些弹坑。

我的参谋员都有任务在身，于是我向接受过书记员培训的布莱特曼军士口述了西莫莱斯的战报。敌人的炮火丝毫没有减弱，有小股敌军和少数车辆穿过我们的火力区，往南去了。

快到下午2点半时，援兵到了，我让他们就地待命，只命令一个重机枪排加入战斗。

七个侦察班已经走了好几个小时都没有回来报告，我们能看到河对岸的敌军在撤退，却没有任何办法。我们的弹药不足，现在开始要省着点用了，尤其是机枪，但敌人持续不断的攻击让我们伤亡很大。

技术军士多贝尔曼报告称，他看到山地部队在河对面抓敌军逃兵。我拿过望远镜，确认了多贝尔曼的说法。我们焦急地等待着侦察班按规定送战俘回皮亚韦河东岸，希望能利用这条路径将我军的士兵送到对岸。

快到3点半时，我军南侧有一大批意军到了东岸，向多格纳移动。我怒不可遏：我们现在没机会向河对岸转移了。这时，意军炮兵突然向这一大批战俘开炮——他们被当成了德国人。还没到东岸的战俘们只能先退回西岸。

快天黑时，一大批战俘从一个旧堤坝附近开始穿越皮亚韦河，我期待了一整天的事情终于发生了。我让主力部队立刻朝旧堤坝行进，几百名战俘成了我们的肉盾，我们只用了很短的时间就成功到了河对岸。

我们在法伊碰到了侦察特遣小队，他们封锁了通往贝卢诺的公路和铁路，并抓获了一些意军。他们还切断了连接隆加罗内和贝卢诺的所有电话线，但是我想意军的援军还是很快就会来的，至少附近的炮兵很清楚这里的情况。所以我派第26帝国皇家步兵团3连在南面执行安全警戒和侦察任务。

我不指望能得到支援，即使负责包抄的特遣队没有遇到敌人，也不可能在午夜前到达指定位置。但是为了迅速取得在隆加罗内的胜利，我要展开夜袭。

我们渡河后没多久天就黑了，敌人也不再从隆加罗内向法伊撤退。意军的炮兵们肯定知道通往贝卢诺的路已经被我们切断了，我们必须在他们采取行动之前先发制人。

镇守在多格纳的重机枪排时不时会向皮拉格附近进行火力干扰,我用电话命令他们停火,我们很快就要从那儿经过,往隆加罗内挺进了。

我走在部队的最前面,向北方行军,我们尽量将动静减到最小,在今天这样安静的夜晚,一点儿声音都很容易被敌人的哨岗发现。

虽然已经尽量避免发出声音,但我们还是遭到了皮拉格南侧的一个敌人哨岗的阻击,好在我们快速消灭了他们,之后便再没碰见过敌军。

第五节　法伊之战

我们距离隆加罗内边缘的房屋只有100码时,突然在前面出现了一面黑色的墙壁,那是一道路障,看来敌人对我们的到来早有准备。

我让部队停下来,将机枪连调过来,对路障发起攻击,先给敌人一个下马威,然后我带着1连和3连发动进攻,从南边入口进入隆加罗内。

我们为了这次攻击做好了各种准备,可是让我们没想到的是突然有人袭击了我们的侧翼——是我们布置在多格纳的机枪手,他们肯定是没有收到我发出的停火的命令。这时,敌人的路障也打开了,他们在80码外朝我们射击,我们腹背受敌,还找不到掩体,机枪零件散落一地,重机枪又没有组装好,我军的伤亡持续增加,简直是命悬一线。

我们藏在路边墙壁的半圆形凹陷下方和阴沟里,试图用手榴弹压制路障后面的敌人,但是距离太远了,手榴弹无法对他们造成实质性的伤害,只会惹来更猛烈的反击。

这次的行动彻底失败了，我们必须马上撤退，但是敌人的枪炮打得我们连头都抬不起来。我只能口头下令，让部队撤到皮拉格附近的桥上。殿后的部队很容易就撤退了，前面的部队处境却很艰难。

只有当敌人的火力稍微减弱的时候，我们才能往前跑几步，但很快，子弹就又开始变得密集了，我们只能再次趴在地上。这样反复了几次后，我们终于到了一个弯道后面，暂时避开了敌人的火力。

奇怪的是，敌人竟然停火了，有说话声从敌人的方向传来，越来越近。

我跑到皮拉格的桥上——我本来命令部队在那里集合，但现在那儿一个人都没有。我决定发射几枚照明弹，先把周围的环境弄清楚。

借着亮光，我发现很多意军正挥着手帕向皮拉格走过来，他们看到了我们，但并没有开枪。我身边只有四五个士兵，根本控制不了这些人。于是我朝大部队的方向跑过去，希望能赶上他们，让他们去押送那一大群俘虏。

我在皮拉格南边召集起大概50名士兵，我们做好了背水一战的准备，敌军离我们越来越近了。

在夜色笼罩下，我们只能看见前方50码的地方。当敌人出现在我们的视线范围内时，我大喊"站住！"并要求他们投降。他们没有停下，只回答了一句我听不懂的话，然后继续往前走。他们距离我们10码的时候开火了，我们也立刻反击，但我们还没来得及装弹药的时候，他们就来到了我们眼前。

我们大部分人躲在一栋房子里，公路上的士兵都被敌军俘虏了，大势已去，现在只能穿过皮亚韦河撤退。我跳过围墙，勉强逃脱了被俘虏的命运，但剩下的部队现在还在一英里外的法伊，他们还不知道危险临近。一想到我可能会失去仅剩的部队，我的双腿就好像突然有了力量，朝着法伊不顾一切

第九章 越过河流追击敌军

地奔过去。

幸好我在敌军之前到了法伊,我决定带着手下战斗到最后,于是立刻开始做战斗准备。我在敌人距我们200多码的时候开火了,敌人立刻还击。

如果我想阻止敌人向南突破,就必须守住一条近700码的防线,这条防线中间现在有个巨大的缺口。我现在的后备部队只有1连和3连的两个班了。

我让正在和敌人交火的第26帝国皇家步兵团3连暂时撤下来,将他们组成了一条连续的防线,成功弥补了缺口。我们前面100码处的敌军已经做好了进攻的准备,他们一次次地喊着:"前进!前进!"还好施蒂里亚和符腾堡山地营的火力压制住了敌人的火力,让他们暂时还停在原地。

子弹像冰雹一样击中城堡的北面,施蒂里亚部队的大部分人都在法伊北部依托一面墙壁在射击,虽然打得不准,但只要敌人一喊口号,我们就加强火力。

这样的战斗需要大量弹药,我们的弹药都是下午缴获的战利品,我手下的山地部队在帮忙向前线运送弹药。我们战斗了好几个小时,皮亚韦河的德贡峰之间到处都是敌军,他们反复尝试压制我们。

我们从没松懈对他们的猛烈火力,但是现在也急需援军了。虽然我们没法通过电话和斯普罗瑟少校联系,但我相信第22帝国皇家步兵师和符腾堡山地营的剩余部队一定会从皮亚韦河东岸过来增援。

凌晨时分,敌军的火力终于减弱了,我们趁这个时机快速加固掩体。哨岗发现敌人正在撤退,我们派出巡逻队联系友军。他们在凌晨1点返回,并且带回了600名俘虏,更多的敌军撤回了隆加罗内。

增援部队在凌晨两点到达战场,我们重组了整个防线。我派人押送50名意军军官去皮亚韦河东岸,河水刺骨,在押送士兵的一再催促下,他们才开始过河。

凌晨3点，敌人再次发起猛攻，他们先用炮轰，然后再让步兵冲锋。我们对此早有准备，因此整场战斗只持续了15分钟就结束了。意军伤亡惨重，已经无力再发起进攻了。

我们全身都湿透了，冻得瑟瑟发抖，和施蒂里亚的战友们一起喝酒取暖。天亮前，侦察班报告，皮亚韦河到皮拉格之间都没有见到敌军的踪迹，他们将遇到的小股意军抓了回来。

早上6点半，第26帝国皇家步兵团的另一个营到了法伊城堡，我派他们去南边执行警戒任务。隆美尔特遣队则再次向隆加罗内进攻。

我们在快到皮拉格的步行桥时，敌人将这些桥都炸毁了，我们到桥附近时，已经看不到敌军的影子了。在重机枪的掩护下，我们爬过了铁锹废墟，来到了昨晚设有路障的地方。肖菲尔中尉骑着一头驴子迎面走来，后面是几百名意军战俘，肖菲尔中尉告诉我们，隆加罗内的意军已经全部投降。

我们进驻隆加罗内，驻扎在教堂南边的几栋房子里。这时下起了小雨，几千名意军俘虏正被我们押送到东边的皮亚韦平原。

我们和敌人在皮亚韦河西岸激战时，符腾堡山地营曾试图来支援我们，第43步兵旅给斯普罗瑟少校下达了停止行进，让第26步兵团担任先头部队的命令。但斯普罗瑟少校没有执行43步兵旅的转移命令。

中午，斯普罗瑟少校走出了隆加罗内东侧的瓦依昂峡谷，他们向正在从瓦依昂峡谷公路出口南侧撤出的敌人开枪。下午2点，第26帝国皇家步兵团1营的先头部队清除了敌军，然后他们被派来支援我们。

11月10日，斯普罗瑟少校命令现有部队在里瓦尔塔东边的高地上做好战斗准备。晚上，少校派一名意军战俘返回隆加罗内，带去一张斯特梅尔医生用意大利语写的纸条："隆加罗内已被德奥联军的一个师包围了,不要再做无谓的抵抗。"

那天是个阴雨天,我们用了很长时间才将缴获的大量武器集中放在了公共广场。我们的战利品有200挺机枪、18门炮、2门半自动火炮、600多匹马、250辆载满物资的车、10辆卡车和2辆救护车。当然,还有一万多名意军俘虏。

在皮拉格、多格纳、瓦依昂峡谷、西莫莱斯和法伊的战斗中,我的特遣队一共有6人死亡、2人重伤、19人轻伤、1人失踪。

肖菲尔中尉在试图阻止瓦尔塔南部的意军时被俘虏,他被俘后遭到了意军的毒打,然后又被逼前往法伊。意军在午夜时分撤出法伊,肖菲尔也被带回了隆加罗内。天亮后,意军的再一次进攻被我军打退,战俘又被送回了隆加罗内。肖菲尔对意军军官吹嘘了一番我军的实力。最后,敌人让他带着投降书来找我们了。

11月10日快到中午时,隆加罗内到处都是德奥的军队。我们的士兵终于脱下了湿衣服,开始了他们早就应该得到的休息。

第六节 我在山地部队的最后日子

第22帝国皇家步兵师命令符腾堡山地营进入第二战线,并在1917年11月11日休整一天。

接下来的几天,我们追击敌人的速度有所减缓。山地部队在费尔特雷被编入了德国猎兵师。11月17日，我们在奎罗和托姆巴山附近和敌人展开枪战，敌军时不时向山谷公路上进行猛烈的炮击，干扰我们行军。

我们在西拉登时收到了师部的命令，通过格拉帕山突破敌军在巴萨诺的阵线。

斯普罗瑟少校派隆美尔特遣队和符腾堡山地营的主力部队前往1306高地。我们排的一个小队穿过奎罗，敌军从远处射来的重型炮弹使我们每隔几秒钟就要寻找掩体，我们也就此失去了和两个山地连的联系。

温德比赫勒中士奉命恢复通信，并将山地连带到尤胜。我的部队已经成功到了尤胜，但是碍于敌军的探照灯，我们只能分散到房屋和树影下休息。敌军不间断的重型火炮让我们难以入眠，据说有6个法国师和5个英国师来增援意军。

我向各个方向都派出了带着电话通信班的侦察队，午夜时分，我陆续收到来自各个方向的报告。我们和阿拉诺的友军建立了联系，瓦尔茨中尉登上斯皮努西亚峰的路上没有遇到敌军。温德比赫勒中士成功将两支山地连都带到了尤胜，还俘虏了150名敌军，缴获了两挺机枪。

第二天清晨，我们从斯皮努西亚山峰东边的山脊上遇到了敌人的阵地，如果没有大炮的支援，我们不可能从正面展开进攻，也包围不了他们。

1917年11月23日之前，我们一直都想登上斯皮努西亚山坡，但没有大炮的支援，一切都是空谈。所以我们只好转移到了罗卡西亚，先与营部会合了。

第二天，上级给了我符腾堡山地营全军的指挥权，我们被调到了冯塔纳·塞卡做后备队。我们前面的第1帝国步兵团成功地对索拉罗洛山发起了进攻，随后，我们向格拉帕山发起进攻。中午时分，斯普罗瑟少校告诉我们，第25帝国皇家山地旅从西边攻占了索拉罗山。

冯塔纳·塞卡南坡上的帝国步兵团一直没能向前推进，于是我请求上级允许我转移到索拉罗洛周围，向格拉帕山展开攻击。斯普罗瑟少校批准了我的计划。

我们到冯塔纳·塞卡西坡时才发现没法抄近路，它的岩壁几乎是垂直的，只能转向道斯蒂琼恩山谷。天黑时我们才到希尔瓦斯蒂，我让士兵们就地休息，再派6连的阿曼中尉去侦察索拉罗洛山周围的情况。

符腾堡山地营进入了骁勇善战的山地旅的战斗区域，因此遭到了批评。斯普罗瑟少校也对这些批评无计可施，只能脱离了第22帝国皇家步兵师。

我们在费尔特雷东侧休整了几天后，12月10日，全营前往皮亚韦河下游，向冯塔纳·塞卡山前进。

12月15至16日，我们驻扎在4300英尺的雪山上，对周围阵地进行了侦察，敌人还在最重要的高地上盘踞。18日，我们发动了进攻，成功突破了斯达·多姆的敌军阵地，俘虏了120名拉文纳旅的狙击兵。但是我们自己的伤亡也很大。

晚上，我们坚守在斯达·多姆的陡坡上，意军不断地向我们发起进攻。我们之后去了斯切温尼，在那儿收到了我和斯普罗瑟少校的功勋勋章，这是第一次有一个营同时得到两枚功勋勋章。

我们在费尔特雷北边的村子里度过了平安夜，圣诞节当天，我们去到帕隆山防区接替普鲁士步兵。这里没有掩体，也不能点火，只能趁夜晚把食物送上来，还要把雪地上的脚印擦干净。敌人的大炮不断地轰击我们，我们死伤惨重，但仍在坚守。

28日，我们击退了意军发动的进攻。第二天，意军使用了最棘手的重型迫击炮向我军开火。

30日,敌人的打击力度加大。几个小时后,法国的阿尔卑斯军团成功占领了第3帝国皇家山地旅的阵地。我们守住了自己的阵地,但部队左翼岌岌可危。如果敌军向阿拉诺方向继续前进,就将切断我们的后路,我们也只能放弃自己的阵地了。

31日早上,我们的后备部队遭到了敌人的猛烈攻击,伤亡惨重。指挥官决定将前线回撤1.5英里。

直到第二天晚上,我们都守在帕隆山和托姆巴山上,我们的重机枪冻住了,莫洛克中士和二等兵沙伊德尔拼命想让它重新运转起来,结果敌人的一颗手榴弹落在了他们俩中间,导致了两位战士牺牲。

最终,我们击败了敌人。

快到午夜时,我们带着两位烈士的遗体到了皮亚韦河谷。

一星期后,我和斯普罗瑟少校途经特兰托回家休假。自那之后,我便再也没有回到山地部队。我被派到了第64突击队,成了一名副官和参谋。

我只能在远处默默关注着符腾堡山地营的动态,战争的最后一年,他们在法国大战中攻击贵妇小径、康德堡、沙泽勒、巴黎、维莱科特雷、凡尔登等,这些战役给他们造成了重大伤亡,只有少数人活着回到了故乡。

到处都有德国士兵的坟冢,他们对国家尽了忠,成功完成了自己的使命,最终客死他乡。但是他们的英雄事迹时刻提醒着我们,为了保卫国家和故土,即使放弃生命也在所不惜,切不可让他们失望。